1 0 0 % V E

SPAZIERGANG 1: SAN MARCO
Dies ist zweifelsohne das Herz der Stadt und Zentrum des venezianischen Lebens. Hier liegen die bekanntesten Sehenswürdigkeiten von Venedig. Der berühmte Markusplatz, die Basilika, der Dogenpalast, der Campanile und das Teatro La Fenice.

SPAZIERGANG 2: SANTA CROCE & SAN POLO
Am Fuße der Rialtobrücke erwarten Sie der jahrhundertealte Fischmarkt, der Gemüsemarkt und viele *bacari* (kleine Restaurants). Die schöne gotische Kirche "I Frari" und die Scuola di San Rocco, wo über fünfzig Werke des venezianischen Malers Tintoretto hängen, sollten Sie unbedingt besuchen.

SPAZIERGANG 3: DORSODURO
Ein Muss für Kunstliebhaber. In diesem Viertel reiht sich ein berühmtes Museum an das andere: die Gallerie dell' Accademia, das Peggy-Guggen-heim-Museum, Ca' Rezzonico und Punta della Dogana mit zeitgenössischer Kunst. Und die Aussicht von den Zattere ist der pure Genuss.

SPAZIERGANG 4: CANNAREGIO
Die Nordseite der Stadt zeigt sich ruhig und unberührt. Hier liegt das jüdische Ghetto mit dem Museo Ebraico und den Synagogen. Besuchen Sie das Museum Ca' d'Oro in einem gotischen Palast am Canal Grande, und nehmen Sie dann ein Boot zur beeindruckenden Friedhofsinsel San Michele.

SPAZIERGANG 5: CASTELLO & GIARDINI
Das Viertel verdankt seinen Namen einer Burg, die früher vor Angriffen vom Meer aus schützen sollte. Hier steht das Arsenale – über Jahrhunderte die größte Schiffswerft der Welt. Schlendern Sie durch ein Wohnviertel oder entspannen Sie sich in den Giardini, den öffentlichen Gärten.

SPAZIERGANG 6: DIE INSELN BURANO, TORCELLO & MURANO
Entdecken Sie die Lagune auf einer Bootstour zu den drei Inseln: Burano ist wegen seiner kunterbunten Häuschen und der filigranen Spitze bekannt. Auf Torcello steht die jahrhundertealte Basilica di Santa Maria Assunta. Und Murano ist die weltberühmte Glasbläserinsel.

1 0 0 % V E N E D I G

In Venedig gibt es so viel zu sehen und zu erleben ... doch wo fängt man an? Natürlich stehen der Markusplatz, der Dogenpalast, die Rialtobrücke und eine Bootstour über den Canal Grande auf dem Programm. Sie wollen aber auch Kunstwerke im Peggy-Guggenheim-Museum und die vielen Kirchen bestaunen, den herrlichen Wein und *cicchetti* (venezianische Tapas) genießen, im Viertel San Marco bummeln gehen oder durch die unzähligen Gässchen schlendern, abends über die Uferstraßen flanieren, in guten Restaurants essen und auf dem Campo Santa Margherita einen Spritz oder Bellini trinken. Alles kein Problem. Lassen Sie sich von der Magie der Stadt verzaubern! Die übersichtlichen Stadtpläne weisen Ihnen den Weg.

AUF 6 SPAZIERGÄNGEN 100% VENEDIG ERLEBEN.

Inhalt

100% übersichtlich

Entdecken Sie 100% Venedig auf sechs Spaziergängen. Jedes Kapitel im 100% Venedig Guide ist einem Spaziergang gewidmet. Am Kapitelende finden Sie eine Karte mit der Kurzbeschreibung des Spaziergangs. Auf der Karte in der vorderen Umschlagklappe sehen Sie die sechs Kartenausschnitte im Überblick. Dort finden Sie anhand der Buchstaben Ⓐ bis Ⓩ alle Hotels sowie die Sehenswürdigkeiten und Ausgehtipps, die nicht auf einem der Spaziergänge liegen.

In den sechs Kapiteln beschreiben wir ausführlich, welche Sehenswürdigkeiten Sie auf den Spaziergängen entdecken können und wo man gut essen, trinken, shoppen, feiern und relaxen kann. Alle Adressen sind mit einer Nummer ① gekennzeichnet, die Sie im Stadtteilplan am Ende des Kapitels wiederfinden. An der Farbgebung der Nummer können Sie erkennen, zu welcher Kategorie die jeweilige Adresse gehört:

🔵 Sehenswürdigkeiten   🟡 Shoppen
🔴 Essen & Trinken   🟤 100% there

SECHS SPAZIERGÄNGE

Die Spaziergänge dauern ohne Besuch der genannten Sehenswürdigkeiten zwischen eineinhalb und drei Stunden. Die Länge des Spaziergangs hängt natürlich auch von der relativen Größe des jeweiligen Stadtteils ab, wie Sie anhand der Übersichtskarte in der vorderen Klappe feststellen können. Auf den einzelnen Stadtteilplänen sehen Sie den genauen Verlauf der Route und können deren Länge anhand des Maßstabes ungefähr bestimmen. Die Wegbeschreibung links neben dem Stadtplan führt Sie entlang der Sehenswürdigkeiten zu den schönsten Adressen. So entdecken Sie fast nebenbei die besten Shopping-Gelegenheiten, die nettesten Restaurants und die angesagten Cafés und Bars. Wer irgendwann keine Lust mehr hat, der Route zu folgen, kann aufgrund der ausführlichen Tipps und Pläne auch wunderbar auf eigene Faust Entdeckungen machen.

PREISANGABEN BEI HOTELS UND RESTAURANTS

Um Ihnen eine Vorstellung von den Preisen in den Hotels und Restaurants zu geben, finden Sie bei den Anschriften stets auch die Preise. Die Angaben für Hotels beziehen sich auf ein Doppelzimmer mit Frühstück pro Nacht. Die Angaben für die Restaurants nennen den Durchschnittspreis eines Drei-Gänge-Menüs. Dazu kommen in Venedig aber meistens noch *coperto* (zwei bis drei Euro pro Person) und Servicegeld (15 % des Gesamtbetrags) hinzu.

MUSEEN UND KIRCHEN

Wenn Sie viele Museen und Kirchen besuchen, lohnt sich eine Ermäßigungskarte. Die Karten sind an den Kassen der verschiedenen Museen erhältlich. Der Museumspass gilt für elf bedeutende Museen und kostet 18 Euro (www.museicivicineveziani.it). Der Chorus Pass erlaubt den Eintritt in sechzehn Kirchen und kostet 10 Euro (www.chorusvenezia.org). Kirchen darf man übrigens nicht mit unbedeckten Schultern und Knien betreten.

VENEZIANISCHE (ESS-) GEWOHNHEITEN

Der Tag beginnt in Venedig sehr früh. In vielen Bars herrscht um sechs Uhr schon ein reges Treiben, wenn die Italiener auf die Schnelle einen Kaffee mit Brioche bestellen. Essen ist ein wichtiger Teil des venezianischen Lebens. Mittags isst man ausgiebig und warm, in vielen Osterien gibt es auch *panini* (kleine belegte Brote) oder *cicchetti* (Tapas). Die meisten Bars bieten auch Brote und *tramezzini* (Sandwiches) an.

ITALIENISCHE UND VENEZIANISCHE BEGRIFFE

bacaro	Traditionelle Weinbar oder Restaurant mit Wein und Prosecco. Häufig gibt es Cicchetti und eine kleine Karte.
cicchetti	Typisch venezianische Häppchen aus Fisch, Gemüse und Fleisch (eine Art Tapas).
enoteca	Weinladen mit Ess- und Trinkgelegenheit.
ombra de vin	Glas Wein, wird in Kneipen und Bacari an der Bar bestellt.
prosecco	Moussierender Weißwein aus dem Veneto.
spritz	Beliebter Aperitif mit Campari oder Aperol.
tramezzini	Dreieckige Sandwiches ohne Kruste und mit viel Füllung.
trattoria/osteria	Einfaches Restaurant mit traditionellen Gerichten.

GUT ZU WISSEN

Besonders in den Wintermonaten muss man mit *acqua alta*, Hochwasser, in der Stadt rechnen. Der Markusplatz und Teile der Stadt stehen dann bei Flut unter Wasser. Über Laufstege gelangt man aber meistens trockenen Fußes von A nach B. Hochwasser wird mit heulenden Sirenen angekündigt.

NATIONALFEIERTAGE

Neben Neujahr, Ostern, Pfingsten, Himmelfahrt und Weihnachten hat Venedig folgende Feiertage:

6. Januar	- La Befana: Eine Hexe bringt den Kindern eine Socke mit Süßigkeiten
Februar/März	- Karneval
25. April	- Festa di San Marco, Fest des heiligen Stadtpatrons. Männer schenken ihrer Frau oder Freundin eine rote Rose.
1. Mai	- Tag der Arbeit
Sonntag nach Himmelfahrt	- Festa della Sensa, eine Prozession aus Booten und Gondeln
2. Juni	- Festa della Repubblica
15. August	- Mariä Himmelfahrt
1. November	- Allerheiligen
21. November	- Festa della Madonna della Salute
8. Dezember	- Unbefleckte Empfängnis

FESTIVALS UND VERANSTALTUNGEN

Vogalonga: Eine 32 Kilometer lange Regatta am Pfingstsonntag, entstanden aus Protest gegen die vielen Motorboote. Start ist am Markusplatz, das Rennen endet an der Punta della Dogana. *www.vogalonga.it*

Biennale: Internationale Ausstellung für moderne Kunst, in jedem ungeraden Jahr von Juni bis Oktober. In den geraden Jahren findet eine internationale Architekturausstellung statt. Die Biennale zeigt inzwischen auch andere Kunstformen wie Tanz, Theater und Musik. *www.labiennale.org*

Festa del Redentore: Schon seit 1576 wird am dritten Juliwochenende das Ende der Pest gefeiert. Redentore bedeutet Erlöser. Das Fest ist unglaublich beliebt und wird mit einer Parade aus Hunderten geschmückter Boote begangen, die sich am Samstagabend an der Insel Giudecca und bei San Marco versammeln. Der Abend endet mit einem großen Feuerwerk.

Filmfestival von Venedig: Jährlich findet Ende August bis Anfang September auf dem Lido das älteste Filmfestival der Welt statt. *www.labiennale.org/en/cinema*

Regata Storica: Eine Bootsparade mit historischen Schiffen und einem Ruderwettkampf auf dem Canal Grande am ersten Sonntag im September. Das ganze Jahr über finden in Venedig Ruderbootregatten statt, diese ist aber eine der wichtigsten. Rechnen Sie damit, dass die Vaporetti (Busboote) an diesem Tag kaum fahren! *www.regatastoricavenezia.it*

Marathon von Venedig: Findet jedes Jahr im Oktober statt. Die Strecke beginnt bei Villa Pisani in Stra, das Ziel ist am Riva Sette Martiri in Venedig. Ein origineller Ort für eine Sportveranstaltung. *www.venicemarathon.it*

Silvester: Schon seit ein paar Jahren steht der Jahreswechsel im Zeichen von LOVE (die letzten zwei Buchstaben als Abkürzung der Provinz Venedig). Die Botschaft ist "Liebe, Frieden und Brüderlichkeit". Natürlich prostet man sich nicht mit Sekt, sondern mit einem Bellini-Cocktail zu.

HABEN SIE NOCH TIPPS?

Wir haben diesen Reiseführer mit großer Sorgfalt zusammengestellt. Da das Angebot an Geschäften und Restaurants in Venedig jedoch regelmäßig wechselt, kann es sein, dass eine Empfehlung nicht mehr existiert. In diesem Fall oder wenn Sie andere Anmerkungen oder Tipps für diesen Reiseführer haben, melden Sie sich bitte über www.100travel.de. Hier finden Sie auch alle Updates des Guides sowie Veranstaltungsinformationen.

Last but not least möchten wir noch mitteilen, dass keine der vorgestellten Adressen für ihre Erwähnung bezahlt hat, weder für den Text, noch für die Fotos. Alle Texte wurden von einer unabhängigen Redaktion geschrieben.

Hotels

Das Hotelangebot in Venedig ist zwar groß, dennoch sind Übernachtungen im Allgemeinen nicht günstig. Ausweichen auf das Festland ist eine Option – vielleicht sogar die bessere, wenn Sie mit dem Auto auf der Durchreise sind. Hauptreisezeiten in Venedig sind: Weihnachten, Neujahr, Karneval, Ostern und die Sommersaison von Mai bis Oktober.

Im Folgenden haben wir unsere Lieblings-Übernachtungsadressen für Sie zusammengestellt. Die Buchstabenkennzeichnung finden Sie auch auf der Übersichtskarte vorne im Buch. Venedig ist eine kleine Stadt, der berühmte Markusplatz ist also immer in der Nähe. Die genannten Preise gelten in der Regel für ein Doppelzimmer pro Nacht mit Frühstück.

Wer länger bleiben will, kann auch ein Apartment mieten. Weitere Vorschläge: *www.hotelinvenice.com*, *www.housesinvenice.com*, *www.magicavenezia. com* und *www.turismovenezia.it/venezia/eng* ("accommodation").

NIEDRIGE PREISKLASSE

(A) Mit dem Zug eine halbe Stunde von Venedig entfernt liegt das **B&B Il Tulipano**, geführt von einer niederländisch-italienischen Familie. Das Haus liegt auf dem Lande und ist ideal für alle, die nach einem hektischen Tag in der Stadt gemütlich im Garten einen Prosecco trinken wollen. Parkplätze sind kostenlos. Auch eine prima Adresse für Durchreisende.
via don bosco 12, 30010 camponogara (provinz venedig), www. bedandbreakfastvenetie.nl, telefon: 041 5150083, preis: 70 €, zug: camponogara - campagna lupia

(B) In einer ruhigen Gasse liegt das **Hotel Casa Boccassini**, ein günstiges und charmantes Hotel. Der begrünte Innenhof ist zwar irgendwie kitschig, dennoch typisch italienisch. Bei den Zimmern muss man Glück haben: Manche sind gemütlich, andere weniger attraktiv.
cannaregio 5295, calle del volto (seitenstraße der calle del fumo), www. hotelboccassini.com, telefon: 041 5229892, preis: 60-140 €, boot: fondamenta nuove

B&B SANDRA ©

(c) Sandra führt das kleine **B&B Sandra** mit zwei Zimmern in der oberen Etage eines alten Hauses. Auf der eigenen Dachterrasse frühstückt man herrlich mit spektakulärem Blick über Venedig.

cannaregio 2452, corte trapolin, www.bbalessandra.com, telefon: 041 720957, preis: 105-140 €, boot: san marcuola, ca' d'oro

(D) **Al Ponte Mocenigo** liegt in einer ruhigen Ecke der Stadt. Man betritt das nette Hotel über eine kleine Privatbrücke und den charakteristischen Innenhof. Im Sommer kann man draußen frühstücken oder am Abend einen Prosecco zwischen Säulen und Skulpturen trinken.

santa croce 2063, calle dei preti, www.alpontemocenigo.com, telefon: 041 5244797, preis: 60-200 €, boot: san stae

(E) In einem Palazzo aus dem 17. Jahrhundert und nur einen Steinwurf vom Canal Grande entfernt liegt das **B&B Campiello Zen**. Die drei Zimmer sind großzügig und stilvoll mit antiken Familienstücken, kostbaren Teppichen und schönen Gemälden eingerichtet. Die gastfreundlichen Inhaber Susanna und Andrea geben gerne Auskunft darüber, was in ihrer Stadt gerade los ist.

santa croce 1285, rio terà, www.campiellozen.com, telefon: 041 710365, preis: 80-190 €, boot: riva di biasio

MITTLERE PREISKLASSE

(F) Das Hotel **Al Malcanton** liegt an einem kleinen Platz nahe der Piazzale Roma, wo es - selten für Venedig - auch Parkplätze gibt. Die Zimmer sind im typisch venezianischen Stil von 1700 eingerichtet und wirken sehr pompös. Die Preise in der Nebensaison sind besonders interessant.

dorsoduro 3587, corte surian, www.hotelalmalcanton.com, telefon: 041 2750897, preis: 50-250 €, boot: piazzale roma, san tomà

(G) **Ca' San Giorgio** ist ein wunderbar renoviertes, mittelalterliches Haus mit einem echten Highlight: Das schönste Zimmer hat eine eigene Dachterrasse. Das kleine Hotel liegt neben der Anlegestelle San Marcuola; mit der Gondel ist man schnell auf der anderen Seite des Canal Grande.

santa croce 1725, salizada fondaco dei turchi, www.casangiorgio.com, telefon: 041 2759177, preis: 90-250 €, boot: riva di biasio, san stae

LOCANDA LA CORTE ①

① Im **Hotel La Calcina** stimmt das Preis-Leistungs-Verhältnis. Das Hotel liegt an den Zattere und aus den vorderen Zimmern hat man eine spektakuläre Aussicht auf die Insel Giudecca. Alle Zimmer haben einen Parkettfußboden und bieten alle Annehmlichkeiten, die man so braucht.
dorsoduro 780, zattere ai gesuati, www.lacalcina.com, telefon: 041 5206466, preis: 110-250 €, boot: zattere

① **Locanda La Corte** befindet sich in der Nähe der Kirche Santi Giovanni e Paolo. Man schläft in großen Zimmern mit dunklen Deckenbalken und prächtigen Marmorböden. Die Zimmer sind traditionell venezianisch eingerichtet, die schönsten liegen am Kanal. Frühstück gibt es im Hofgarten.
castello 6317, calle bressana, www.locandalacorte.it, telefon: 041 2411300, preis: 72-300 €, boot: fondamenta nuove

HOHE PREISKLASSE

(J) Mit der Lage am Canal Grande, dem großen Garten und dem gemütlichen Frühstückssaal ist die **Pensione Accademia Villa Maravege** ein wirklich empfehlenswertes Hotel. Und dann liegt es auch noch in einem der schönsten Viertel Venedigs – hier ist man also richtig gut aufgehoben.
dorsoduro 1058, fondamenta bollani, www.pensioneaccademia.it, telefon: 041 5210188, preis: 135-289 €, boot: accademia

(K) Das erste Designhotel Venedigs ist das **Ca' Pisani Hotel**, untergebracht in einem Palast aus dem 16. Jahrhundert. In den stilvollen Zimmern stehen Möbel aus den Dreißiger- und Vierzigerjahren, in der Lobby und auf den Fluren hängt Kunst der futuristischen Künstlergruppe Fortunato Depero.
dorsoduro 979a, rio terà antonio foscarini, www.capisanihotel.it, telefon: 041 2401411, preis: 204-381 €, boot: salute

(L) Das Haus des Hotels **Oltre il Giardino** gehörte einst Alma Mahler, der Frau des berühmten Komponisten Gustav Mahler. Die stilvolle Unterkunft besteht aus sechs sehr geschmackvoll eingerichteten Zimmern und einem bezaubernden Garten, in dem man an schönen Tagen frühstücken kann. Eine grüne Oase in der Lagunenstadt.
san polo 2542, fondamenta contarini, www.oltreilgiardino-venezia.com, telefon: 041 2750015, preis: 150-420 €, boot: san tomà

(M) **DD724** ist ein Design- und Boutiquehotel im Viertel Dorsoduro, gelegen neben dem Peggy-Guggenheim-Museum. Das Hotel ist eine tolle Mischung aus italienischem Luxusdesign und traditioneller Gemütlichkeit. Es gibt wunderschöne Zimmer mit spektakulärer Aussicht.
dorsoduro 724, ramo della mula, www.thecharminghouse.com, telefon: 041 2770262, preis: 50-700 €, boot: accademia

CA' PISANI HOTEL Ⓚ

Transport

In der Nähe von Venedig liegt der **Flughafen** Marco Polo. Und so gelangt man ins Zentrum: Am günstigsten ist der Bus, mit dem **Schnellbus** sind Sie in etwa 20 Minuten auf der Piazzale Roma. Von dort geht es mit dem *vaporetto* (Boot) weiter. Spektakulärer ist es jedoch, die ganze Strecke mit dem Boot zurückzulegen. Vom Flughafen aus fahren **Busboote** der Alilaguna (*www.alilaguna.it*). Mehrere Linien dieser Gesellschaft bringen Sie für etwa 15 Euro in die Stadt. Am schnellsten ist ein **Privatwassertaxi** (*www.veneziataxi.it*), das nur 20 Minuten bis Venedig braucht. Kostenpunkt: stolze 100 bis 120 Euro.

Vom Flughafen Treviso aus, wo Airlines wie Ryanair landen, fährt ein **Shuttle-bus**. Eine Hin- und Rückfahrkarte kostet 10 Euro und ist eine Woche gültig. Für eine Einzelfahrt zahlt man 6 Euro. Treviso liegt 30 Kilometer von Venedig entfernt, die Fahrt dauert etwa 50 Minuten.

Venedig ist autofrei, es fahren also auch keine Busse. Das wichtigste Verkehrsmittel ist das **Vaporetto**, ein "**Busboot**" mit vielen Haltestellen in der Stadt. Die wichtigste und damit vollste Linie ist die Nummer 1 von der Piazzale Roma zum Lido. Sie fährt fast alle Haltestellen am Canal Grande an, darunter Rialto und San Marco. Das Vaporetto ist für Touristen nicht gerade billig. Eine einfache Fahrkarte kostet 6,50 Euro und gilt für 60 Minuten. Haben Sie mehr als ein Gepäckstück? Dann müssen Sie den gleichen Preis noch einmal extra zahlen. Preiswerter ist meist eine 12-Stunden-Karte für 16 Euro, eine 24-Stunden-Karte für 18 Euro, eine 36-Stunden-Karte für 23 Euro oder eine 72-Stunden-Karte für 33 Euro. Wenn Sie eine ganze Woche bleiben, ist eine 7-Tage-Karte für 50 Euro am günstigsten. Auch die Busdienste von ATCV in Mestre und auf der Insel Lido werden damit abgedeckt. Praktisch: Online gibt es auch günstige Tickets zu kaufen, *www.veniceconnected.com*.

Da insgesamt nur vier Brücken die beiden Seiten des Canal Grande miteinander verbinden, gibt es an mehreren Stellen **traghetti**. Diese schmalen Gondeln bringen Besucher für 1 Euro auf die andere Seite. Auf den meisten Stadtplänen sind die Fähranlegestellen eingezeichnet. Die Venezianer fahren viel Traghetto und bleiben während der Fahrt meistens stehen.

Und natürlich gibt es auch noch die **Gondeln**. Früher waren sie die Hauptverkehrsmittel, jetzt befördern sie nur noch Touristen. Venedig gehört zu den romantischsten Orten der Welt und eine echte Gondelfahrt muss einfach drin sein. Eine Fahrt von 35 Minuten kostet 90 Euro, am Abend muss man noch einmal 20 Euro zusätzlich drauflegen. Auf der Webseite *www.veneziagondola.com* kann eine Gondelfahrt online gebucht werden. Seit 2010 gibt es auch endlich eine weibliche Gondoliera: Giorgia Boscolo, die die Gondel-Leidenschaft von ihrem Vater geerbt hat, der ebenfalls ein Gondoliere war. Sie trägt das traditionelle blau-weiß gestreifte Hemd und die schwarze Hose, dazu einen blonden Zopf und Nagellack. Ein Lichtblick in der Männerdomäne!

San Marco

Das Herz Venedigs

Im lebhaften Sestiere (Stadtviertel) San Marco schlägt das Herz Venedigs.
Kein Wunder, ist der Markusplatz doch für viele der schönste Treffpunkt der
Welt. Der herrliche, weitläufige Platz ist weltberühmt - auch für die Preise, die
man hier für eine Tasse Kaffee in den noblen Kaffeehäusern verlangt. In der
Hochsaison besucht man den Markusplatz am besten am frühen Morgen,
noch bevor die Touristenströme anrollen. Dann hat man die ganze Pracht
(fast) für sich alleine: den majestätischen Dom, den Dogenpalast und den
märchenhaft schönen Platz.

Im Karneval ist der Markusplatz Dreh- und Angelpunkt der Festlichkeiten.
Zwei Wochen lang ist die Stadt im Ausnahmezustand. Zum Beispiel, wenn
beim traditionellen Volo dell' Angelo (Flug des Engels) ein Prominenter vom
Turm "fliegt" oder die großen Karnevalsparaden stattfinden. Möchten Sie
mehr wissen? Auf der Website www.carnivalofvenice.com steht das ganze
bunte Karnevals-Programm.

Zum Glück gibt es zwischen all dem Trubel auch ein paar Stellen, die vom Tourismus weitgehend verschont geblieben sind: Dazu gehört die besinnliche Kirche Santo Stefano mit ihren wunderbaren Gemälden von Tintoretto. Oder der Palazzo Grassi mit der modernen Kunstsammlung und dem bezaubernden Café, in dem man mit Blick über den Canal Grande zu Mittag essen kann. Schließen Sie sich einer Führung im Teatro La Fenice an oder streifen Sie durch die dunklen Gassen rund um die Rialtobrücke und gönnen Sie sich ein Glas Wein und ein Panino an der Bar. Und wer Lust auf Shopping hat, ist in San Marco ebenfalls goldrichtig. Fast alle großen italienischen Designer sind hier mit einer exklusiven Niederlassung vertreten.

Wussten Sie, dass der Ausdruck *ombra de vin* (ein Glas Wein, wörtlich: ein Schatten von Wein) auf dem Markusplatz entstanden ist? Im Sommer kann es in Venedig sehr heiß werden. Um den Wein kühl zu halten, schoben die Marktleute ihre Stände tagsüber in den Schatten der Kirchtürme. Jahrhunderte später bestellen die Venezianer noch immer einen Ombra de vin.

6 Insider-Tipps

Basilica di San Marco

Den prächtigen Dom
bewundern.

Giovanna Zanella

Ein Paar Designerschuhe
kaufen.

**Palazzo Contarini
del Bovolo**

Die Schneckenhaus-
Wendeltreppe bestaunen.

**Osteria Enoteca San
Marco**

Die venezianische Küche
und Atmosphäre genießen.

Teatro La Fenice

Eine Führung durch den
berühmten Opern- und
Theaterbau mitmachen.

Palazzo Ducale

Den beeindruckenden
Ratssaal der Dogen
besichtigen.

- **Sehenswürdigkeiten**
- **Shoppen**
- **Essen & Trinken**
- **100% there**

Sehenswürdigkeiten

(5) Der **Palazzo Contarini del Bovolo** ist für sein Treppenhaus an der Außenseite des Gebäudes berühmt, das an ein Schneckenhaus erinnert. Bovolo heißt im venezianischen Dialekt unter anderem Schneckenhaus.
san marco 4299, corte contarini del bovolo, nicht öffentlich zugänglich, boot: rialto, sant' angelo

(7) Ruhe und Weite finden Sie in der gotischen Kirche **Santo Stefano**. Im angrenzenden Museum hängen vier Werke des berühmten venezianischen Malers Tintoretto, darunter das riesengroße Letzte Abendmahl. Tipp: Nach dem Kirchenbesuch noch einen Espresso auf dem bezaubernden Platz vor der Kirche trinken. Das ist *dolce far niente*!
san marco, campo santo stefano, geöffnet: mo-sa 10.00-17.00, eintritt: museum 3 €, boot: sant' angelo, san samuele

(23) Die **Piazza San Marco** (Markusplatz) ist zweifelsohne das Herz Venedigs. Eine Sehenswürdigkeit reiht sich an die andere: Basilica San Marco (Markusdom), Palazzo Ducale (Dogenpalast), Campanile (Turm), Torre dell'Orologio (Uhrenturm) und Museo Correr. Sowohl der Platz als auch der Dom sind nach dem Schutzpatron der Stadt, dem heiligen Markus, benannt. In der Bibel wird er als geflügelter Löwe dargestellt. Der mächtige Markuslöwe wurde später zum Symbol für die Serenissima (Republik Venedig) und ziert heute noch die Stadtflagge.
san marco, piazza san marco, boot: vallaresso, san zaccaria

(24) Möchten Sie mehr zur Geschichte Venedigs erfahren? Dann auf ins **Museo Correr**. Das Museum zeigt auch eine beeindruckende und sehr umfangreiche Gemäldesammlung - beginnend bei sehr früher Kunst über das 17. Jahrhundert bis hin zu Ausstellungen moderner Kunst. Echtes Venedig-Feeling erleben? Das Museumscafé lockt mit einer wunderbaren Aussicht über die Piazza San Marco.
san marco, piazza san marco, www.museiciviciveneziani.it, telefon: 041 2405211, geöffnet: täglich, apr.-okt. 9.00-19.00, nov.-märz. 9.00-17.00, eintritt: mit markusplatz-museumskarte, boot: vallaresso, san zaccaria

(25) Man muss sie einfach gesehen haben, die **Basilica di San Marco** mit ihren extravaganten Mosaiken, den prächtigen Marmorböden und den seltenen Kunstschätzen. 1063 erbaut, war sie über Jahrhunderte die Privatkirche der Dogen, der einstigen Herrscher Venedigs. Erst 1807 wurde der Prachtbau zum Dom geweiht. Eines der Glanzstücke ist die Pala d'Oro, ein mit Edelsteinen besetztes Altarstück aus dem 10. bis 14. Jahrhundert. Im Tesoro (Schatzkammer) liegen zahlreiche Beutestücke: die von den Venezianern während der Plünderungen Istanbuls im Jahr 1204 geraubten Kostbarkeiten. Über eine lange Treppe erreicht man das Kirchenmuseum, in dem man unter anderem die vier berühmten Pferde, die Quadriga, aus der Nähe betrachten kann. Im Freien steht heute - aufgrund der zunehmenden Luftverschmutzung - nur noch eine Nachbildung des Vierergespanns.

san marco, piazza san marco, www.basilicasanmarco.it, telefon: 041 5225697, geöffnet: basilica ostern-okt. mo-sa 9.45-17.00, so 14.00-17.00, nov.- ostern mo-sa 9.45-17.00, so 13.00-16.00, eintritt: basilica gratis, pala d'oro 2 €, tesoro 3 €, museum 4 €, boot: san zaccaria, vallaresso

(26) Vom **Campanile** aus haben Sie eine atemberaubende Aussicht über die Lagune und die Dächer Venedigs. Keine Angst: Es gibt einen Lift, niemand muss den 100 Meter hohen Turm zu Fuß bezwingen. Der Campanile ist eine Nachbildung des Vorgängerturms aus dem Jahr 1173. Dieser stürzte sehr zum Leidwesen der Venezianer im Jahr 1902 plötzlich ein.

san marco, piazza san marco, geöffnet: sommer (hochsaison) täglich 9.00- 19.00, winter 9.30-16.00, eintritt: 8 €, boot: san zaccaria, vallaresso

(27) Obwohl der **Palazzo Ducale** (Dogenpalast) schon seit dem 9. Jahrhundert das Bild Venedigs prägt, stammt seine heutige Form mit gotischer Fassade aus dem 14. und 15. Jahrhundert. Der Palast war jahrhundertelang das politische Zentrum der Republik. Der Ratssaal ist so riesig, dass über 1500 Ratsherren darin Platz fanden. Über den Dogenpalast gelangen Sie zur Ponte dei Sospiri (Seufzerbrücke) und zu den alten Gefängnissen.

san marco, piazzetta san marco, www.museicivicivenezinai.it, telefon: 041 2719012, geöffnet: apr.-okt. täglich 9.00-19.00, nov.-märz 9.00-17.00, eintritt: mit markusplatz-museumskarte, boot: san zaccaria, vallaresso

Essen & Trinken

① Wie könnte man einen Stadtspaziergang besser beginnen als mit einem leckeren Cappuccino oder Espresso im **Caffè al Ponte del Lovo**? Diese Bar hat sogar ihre eigene Kaffeemarke: Caffè del Doge. Auf den Geschmack gekommen? Nach dem Urlaub können Sie diesen Kaffee auch online bestellen und sich nach Hause liefern lassen.
san marco 4819, ponte del lovo, www.caffedeldoge.com, telefon: 041 5208439, geöffnet: täglich 8.00-21.30, preis: espresso ab 0,90 €, boot: rialto

④ Die Bar-Pasticceria **Marchini Time** gehört zum Schokoladengeschäft Marchini. Hier trinkt man an der Theke einen Kaffee, aber noch verführerischer sind natürlich die vielen Süßigkeiten: Die süßen Gebäckstücke und Torten sind einfach unwiderstehlich.
san marco 4589, campo san luca, www.pasticceriamarchini.com, telefon: 041 2413087, geöffnet: täglich 7.30-20.30, preis: kaffee ab 1 €, boot: rialto

⑧ **Bacaro da Fiore** hat die leckersten Cicchetti - und zwar in Hülle und Fülle. Im März, April, Oktober und November wird hier auch die venezianische Spezialität Moèche angeboten: frittierte Krabben, die mit Schale und allem gegessen werden. Diese sollte man unbedingt probieren. Das Restaurant ist recht groß und bei schönem Wetter sitzt man natürlich im Freien.
san marco 3461, calle delle botteghe, www.dafiore.it, telefon: 041 5235310, geöffnet: mi-mo 9.00-22.30, preis: cicchetti 2 €, boot: sant' angelo, san samuele

⑪ Erwarten Sie in der **Osteria al Bacareto** keine neumodischen Kreationen. Dieses traditionelle Restaurant der Familie De Giulio hat sich auf die guten alten venezianischen Spezialitäten verschrieben. Zum Beispiel *bigoli in salsa* (Pasta mit Anchovissoße) und *baccalà mantecato* (Stockfischmus). Das weiß man zu schätzen: Die Venezianer kommen gerne, daher ist die Osteria auch immer relativ voll.
san marco 3447, calle crosera, www.bacareto.it, telefon: 041 5289336, geöffnet: mo-sa 8.00-16.30 & 18.30-23.00, preis: 35 €, boot: sant' angelo, san samuele

OSTERIA AL BACARETO ⑪

(18) Die Weinbar **Vino Vino** ist der günstige Ableger des schicken Restaurant Antico Martini gleich nebenan. Das Essen kommt aus der Küche des "teuren Bruders" und ist einfach, aber gut. Vino Vino liegt um die Ecke vom Teatro La Fenice und eignet sich hervorragend, um nach der Vorstellung noch etwas gegen den knurrenden Magen zu tun. Romantisch: Im Sommer sitzt man sehr schön im Garten.

san marco 2007a, calle delle veste, telefon: 041 2417688, geöffnet: täglich 11.30-23.30, preis: 25 €, boot: santa maria del giglio

(21) In der **Osteria Enoteca San Marco** mit ihren hohen Decken und der angenehmen Atmosphäre können Sie nach der Hektik im Touristenviertel endlich entspannt durchatmen. Die Küche ist venezianisch mit innovativer Note. Keinen großen Hunger? Bestellen Sie einfach ein erfrischendes Glas Wein und einen Teller mit Käse oder Wurst.

san marco 1610, frezzeria, www.osteriasanmarco.it, telefon: 041 5285242, geöffnet: mo-sa 12.30-23.00, preis: 35 €, boot: vallaresso

(22) Der berühmte Bellini-Cocktail wurde von Giuseppe Cipriani erfunden, dem Inhaber von **Harry's Bar**. In dieser legendären Bar stillten schon so berühmte Gäste wie Hemingway ihren Durst. Ein echter Bellini besteht aus Prosecco mit Pfirsichsaft. Die Lust auf Cocktails wird jedoch von einem Blick auf die Karte getrübt: saftige Preise!

san marco 1323, calle vallaresso, www.cipriani.com, telefon: 041 5285777, geöffnet: täglich 10.30-23.00, preis: cocktail 17 €, boot: vallaresso

(28) Das berühmte **Caffè Florian** kann auf eine lange Geschichte zurückblicken: Seit 1720 gehen hier Intellektuelle, Künstler, Dichter, Schriftsteller und Politiker ein und aus. Bekannte Namen wie Goethe, Proust, Byron, Wagner und Casanova zählten zu den illustren Gästen. Sind Sie bereit, einen astronomischen Preis für einen Kaffee zu bezahlen? Dann können Sie im Florian mit den blinden Spiegeln, alten Wandgemälden und Plüschsofas ganz schnell Ihren Geldbeutel erleichtern.

san marco 56/59, piazza san marco, www.caffeflorian.com, telefon: 041 5205641, geöffnet: täglich 10.00-23.00, preis: espresso 8 €, boot: vallaresso, san zaccaria

㉚ Die **Osteria Alle Testiere** hat sich auf Fisch spezialisiert. Weil es hier fast immer voll ist, sollte man vorher reservieren. Hat man einen Platz ergattert, ist man auf Tuchfühlung mit den Italienern: Manchmal erreicht man seinen Tisch nur dann, wenn andere Gäste zur Seite rücken, so klein ist es hier. Die Atmosphäre, die Bedienung und nicht zu vergessen das Essen sind einwandfrei. Hier wird mit viel Liebe gekocht, und das schmeckt man.
castello 5801, calle del mondo novo, www.osterialletestiere.it, telefon: 041 5227220, geöffnet: di-sa 12.00-15.00 & 19.00-0.00, preis: 50 €, boot: rialto

㉛ **La Boutique del Gelato** ist die vielleicht kleinste Eisdiele der Stadt, was sie aber nicht weniger beliebt macht. Die Sorten Tiramisù, Zabaione oder das sahnig-frische Joghurteis sind sehr empfehlenswert. Ein Gedicht!
castello 5727, salizada san lio, telefon: 041 5223283, geöffnet: täglich 10.00-24.00, im winter 10.00-22.00, preis: kugel 1,50 €, boot: rialto

㉝ **Al Portego** ist eine jener guten, traditionellen Osterien, wo man auf die Schnelle mal ein Glas Wein oder einen Prosecco trinkt und dazu ein paar Cicchetti nimmt. Egal, zu welcher Tages- oder Jahreszeit: Hier ist fast immer viel Betrieb. Wer mehr Zeit mitbringt, kann im kleinen Restaurantbereich auch etwas ausgiebiger speisen.
castello 6015, calle della malvasia, telefon: 041 5229038, geöffnet: täglich 10.30-15.00 & 17.30-22.00, preis: cicchetti 2 €, boot: rialto

㉞ Die **Osteria I Rusteghi** kombiniert Tradition, Faszination und Innovation auf einmalige Weise. Hier werden Panini (belegte Brote) und Salate serviert, abends locken leckere Fischgerichte. Auf der gemütlichen Terrasse sitzen Sie ganz entspannt, während über Ihrem Kopf die Wäsche trocknet. Drinnen läuft fast immer Jazzmusik.
san marco 5513, corte del tentor, www.osteriairusteghi.com, telefon: 041 5232205, geöffnet: mo-so 10.30-15.00 & 18.30-23.30, preis: panini 1,50 €, boot: rialto

Shoppen

(2) Der kleine Brillen-, Mode- und Taschenladen **Ottico Fabbricatore** wird von einem Ehepaar geführt. Die Aufgaben sind verteilt: Er entwirft die Brillen aus amerikanischem Büffelhorn und Titan, sie die Ledertaschen und eleganten Kleidungsstücke aus Seide und Kaschmir.
san marco 4773, calle del lovo, www.otticofabbricatore.com, telefon: 041 5225263, geöffnet: mo-sa 9.30-12.30 & 15.30-19.30, so 11.00-15.00, boot: rialto

(3) Die bunten Kleidungsstücke von **Maliparmi** sind sowohl feminin als auch cool, mit vielen originellen Details. Im hinteren Ladenbereich gibt es eine große Taschen- und Schuhabteilung.
san marco 4600a, calle del teatro, www.maliparmi.it, telefon: 041 5285608, geöffnet: mo-sa 10.00-19.00, so 11.00-18.30, boot: rialto

(6) Alberto Valese stellt marmoriertes Papier her - mit einer einzigartigen Technik, die ursprünglich aus Japan stammt. Diese Technik verwendet er auch für Seide und Holz. Alle seine Kunstwerke gibt es in seinem Laden **Alberto Valese-Ebrû** zu kaufen.
san marco 3471, campo santo stefano, www.albertovalese-ebru.it, telefon: 041 5238830, geöffnet: mo-sa 10.00-19.00, so 10.00-17.00, boot: sant' angelo

(9) Lust auf Wein? Machen Sie einen Abstecher zur **Vineria Dai do Cancari**. Spezialitäten sind Prosecco und Orto, der einzigartige Weißwein der venezianischen Insel Sant'Erasmo.
san marco 1234, calle delle botteghe, www.daidocancari.it, telefon: 041 2410634, geöffnet: sommer täglich 10.30-22.30, winter 10.30-20.30, boot: sant' angelo, san samuele

(10) Der kleine Secondhandladen von **Laura Crovato** hängt voll mit Cocktail- und Abendkleidern, die von der venezianischen High Society stammen. Wer kurz entschlossen ins La Fenice will und ein passendes Kleid für den Opernabend sucht, kann sich hier standesgemäß einkleiden.
san marco 2995, calle delle botteghe, telefon: 041 5204170, geöffnet: mo 15.30-19.30, di-sa 11.00-13.00 & 15.30-19.30, boot: sant' angelo, san samuele

⑫ Bei **Santa Maria Novella** wird Eau de Cologne verkauft, hergestellt nach einem jahrhundertealten Rezept. Die Düfte sind naturbelassen und liebevoll verpackt. Ebenfalls im wohlriechenden Sortiment: Seifen, Shampoos & Co. *san marco 3149, salizada san samuele, www.smnovella.com, telefon: 041 5220814, geöffnet: mo-sa 10.00-13.00 & 14.00-19.30, so 11.00-13.00 & 14.00-18.00, boot: san samuele, sant' angelo*

⑬ In seiner gleichnamigen Galerie verkauft der venezianische Künstler **Livio de Marchi** allerlei Gebrauchsgegenstände wie Taschen und Hüte - verblüffend echt aus Holz nachgebildet. *san marco 3157a, salizada san samuele, www.liviodemarchi.com, telefon: 041 5285694, geöffnet: mo-fr 9.00-12.30 & 13.30-17.00, boot: san samuele, sant' angelo*

⑮ Die bunten Ledertaschen von **Raggio Veneziano** sind originell und glücklicherweise erschwinglich. Sie werden aus pflanzlich gegerbtem Leder im eigenen Atelier (hinten im Laden) hergestellt. Auch schön: die Portemonnaies, in Leder gebundenen Hefte und ledernen Ohrringe.
san marco 2953, campo santo stefano, www.raggioveneziano.com, telefon: 041 2412712, geöffnet: täglich 10.00-18.30, boot: san samuele, accademia

⑯ An der Tür von **Legatoria Piazzesi** hängt ein Schild: "This is the oldest papershop in Italy". Diesen chaotischen, aber schönen Papierladen mit dem pergamentartigen, venezianischen Papier gibt es in der Tat seit 1851.
san marco 2511c, campiello della feltrina, www.legatoriapiazzesi.it, telefon: 041 5221202, geöffnet: mo-sa 9.30-12.30 & 16.00-19.30, boot: santa maria del giglio

⑰ In den Straßen **Calle Larga XXII Marzo**, **Campo di San Moisè** und **Salizada San Moisè** liegen die Läden italienischer Spitzendesigner wie Versace, Gucci, Prada, Valentino, Fendi, Bulgari und Salvatore Ferragamo. Ebenfalls exklusives Design: Glas von Carlo Moretti (www.carlomoretti.com).
san marco, boot: vallaresso, santa maria del giglio

⑳ Wer bei **Mondadori** in den Bücherschätzen stöbern will, sollte Zeit mitbringen. Im Erdgeschoss des großen Buchladens liegt die Venedig-Abteilung: Reiseführer und Karten, aber auch Foto-, Kunst- und Kochbücher sowie Romane über die Lagunenstadt. Für kleine Leseratten gibt es Venedig-Kinderbücher. Im Obergeschoss befindet sich der "normale" Buchladen mit vielen englischsprachigen Titeln.
san marco 1345, salizada san moisè, www.libreriamondadorivenezia.it, telefon: 041 5222193, geöffnet: mo-sa 10.00-19.30, so 11.00-19.30, boot: vallaresso

㉙ Im **Marchini** läuft einem schon beim ersten Blick das Wasser im Munde zusammen: Schokolade in allen Geschmacksrichtungen und Formen. Dies ist der ultimative Laden für alle 'Schokoholiker'. Im Winter wärmt man sich hier mit köstlichem heißen Kakao.
san marco 676, calle spadaria, telefon: 041 5229109, geöffnet: mo & mi-so 9.00-20.00, boot: san zaccaria

ALBERTO VALESE-EBRÙ ⑥

㉜ **Giovanna Zanella** fertigt in ihrem Lädchen die merkwürdigsten, aber auch schönsten Schuhe nach Maß: herrlich bunte Schnürschuhe und Pumps mit Federn. Ein paar Monate Geduld gehören aber dazu, bis Sie das exklusive Paar Ihr Eigen nennen dürfen.
castello 5641, calle carminati, www.giovannazanella.it, telefon: 041 5235500, geöffnet: mo-sa 9.30-13.00 & 15.00-19.00, boot: rialto

㉟ Die **Bottega della Solidarietà** ist ein netter Laden an der Rialtobrücke mit schönen Lederartikeln, die von schwer erziehbaren Jugendlichen hergestellt wurden. Hier gibt es hippe Taschen, schicke Gürtel, lederne Terminkalender und andere Accessoires. Ideal als Mitbringsel.
san marco 5164, salizada pio x, www.coopfilo.it, telefon: 041 5227545, geöffnet: täglich 10.00-19.30, boot: rialto

100% there

(14) Im minimalistisch eingerichteten **Palazzo Grassi** am Canal Grande finden regelmäßig ambitionierte Ausstellungen mit moderner Kunst statt. Im sachlich eingerichteten Café-Restaurant im ersten Stock kann man gut essen - ein fantastischer Blick über den Canal Grande inbegriffen.
san marco 3231, campo san samuele, www.palazzograssi.it, telefon: 0445 230313, geöffnet: di-so 10.00-19.00, eintritt: 12 €, boot: san samuele, sant' angelo

(19) Das **Teatro La Fenice** gehört zu den berühmtesten Opernhäusern der Welt. Es wurde 1792 erbaut und brannte leider zweimal ab, 1836 und 1996. Inzwischen wurde es nach Originalplänen wiederaufgebaut. Wer keine Lust auf schmetternde Opernarien hat, kann sich zumindest das Gebäude im Rahmen einer Führung anschauen. Steht Ihnen doch der Sinn nach Rossini, Mozart & Co., dann können Sie auf der Website Karten für eine Vorstellung reservieren.
san marco 1965, campo san fantin, www.teatrolafenice.it, telefon: 041 786511, geöffnet: täglich 10.00-18.00, preis: führung 7 €, boot: santa maria del giglio

PALAZZO GRASSI ⑭

San Marco

Von der Rialtobrücke geht es über die Via Mazaria 2 Aprile zur C. de L'Ovo und C. del Teatro. Sie kommen an einer Bar ① und schönen Kleidungs- und Krimskramslädchen ② ③ vorbei. Gehen Sie am Ende der C. del Teatro links, überqueren Sie den Campo San Luca ④ und rechts zum Campo Manin. Biegen Sie links in die Gasse ein (am Schild 'Scala Contarini del Bovolo') und sehen Sie sich die Treppe des Palazzo an ⑤. Weiter geht es am Campo Manin. Über den Campo Sant'Angelo (Sant'Anzolo) ⑥ schlendern Sie weiter zum Campo Santo Stefano ⑦. Hier geht es nach rechts in die C. delle Botteghe, zu hübschen Osterien und ausgefallenen Läden ⑧ ⑨ ⑩ ⑪. Jetzt links in die Salizada San Samuele einbiegen ⑫ ⑬. Vielleicht läuft eine interessante Ausstellung im Palazzo Grassi ⑭. Gehen Sie zurück zum Campo Santo Stefano ⑮ und hinter dem Platz in die kleine Straße C. del Spezier. Über mehrere Straßen mit vielen Souvenirläden, Galerien und Papiergeschäften ⑯ gelangen Sie in die schicke Einkaufsstraße C. Larga XXII Marzo ⑰. Dort geht es nach links in die C. delle Veste ⑱ zum Opernhaus La Fenice ⑲. Gehen Sie zurück zur C. Larga XXII Marzo, um Ihren Weg fortzusetzen, dann über die Salizada San Moisè ⑳ Richtung Markusplatz. Bevor Sie den Platz überqueren, liegt links die Frezzeria für eine Mittagspause ㉑, und rechts in der C. Vallaresso ist eine berühmte Bar ㉒. Auf dem Markusplatz gibt es ausreichend zu sehen ㉓ ㉔ ㉕ ㉖ ㉗. Genießen Sie die Aussicht im ältesten Kaffeehaus Venedigs ㉘. Dann weiter über die Piazzetta dei Leoni und die C. San Basso zur C. Spadaria ㉙. Am Ende dieser Straße vor der kleinen Kirche rechts abbiegen. Weiter über den Campo de la Guera zur C. de la Casseleria. Hier biegen Sie links in die Salizada San Lio ein. In der ersten Straße rechts befindet sich das Fischrestaurant Alle Testiere ㉚. Auf der Salizada San Lio gibt es leckeres Eis ㉛. Auf dem kleinen Campo San Lio geht's nach rechts. Sie erreichen bald einen hippen Schuhladen ㉜ und eine Osteria ㉝. Gehen Sie wieder ein Stückchen zurück. Lust auf eine jazzige Osteria? Dann nehmen Sie die Calle della Bissa und Sie kommen zu einem kleinen Platz ㉞. Kurz vor der Rialtobrücke gibt es noch einen netten Shop mit Lederwaren ㉟.

Santa Croce & San Polo

Treffpunkt der Venezianer

In diesen beiden Vierteln herrscht fröhliche Lebendigkeit. Die Venezianer sitzen bei einem Espresso in der Bar, diskutieren angeregt mit Händen und Füßen oder kaufen frisches Gemüse auf dem Markt an der Rialtobrücke. Auf dem Campo San Giacomo dell'Orio trifft man sich am frühen Abend. Im Sommer, meistens dienstagabends, wird in der schwülen Abendluft Tango getanzt. Auf dem Fisch- und Gemüsemarkt an der Rialtobrücke ist ebenfalls immer etwas los: Am frühen Morgen legen die Einkäufer der Restaurants mit ihren Booten an, um den frischesten Fisch zu ergattern. Längst werden nicht mehr alle Fische in der Lagune gefangen, trotzdem bekommt man hier noch viele regionale Fischspezialitäten wie Jakobsmuscheln, Krabben und Venusmuscheln.

Die Bars in Marktnähe sind schon morgens gut besucht. Italiener kommen mit Taschen voller Einkäufe auf einen schnellen Kaffee vorbei. Und die Marktleute nehmen noch rasch ein Glas Hauswein (Ombra) oder Spritz. Ob

2

morgens, mittags oder abends - die Venezianer gönnen sich gerne zwischendurch mal ein Gläschen.

Die unbestrittene Hauptattraktion dieser Viertel ist die Rialtobrücke. Häufig muss man sich einen Weg durch die Touristenmassen bahnen, die offensichtlich alle dasselbe Foto machen wollen. Sehr früh am Morgen stehen die Chancen dagegen gut, die herrliche Brücke in all ihrem Glanz zu sehen - und auch in aller Ruhe fotografieren zu können. Wer von dem Treiben auf Brücke und Markt genug hat, kann ins Viertel eintauchen, denn dort ist es ruhiger. In manchen Gassen hört man nichts außer den Wellen, die an die Ufermauern schlagen. Weitere Höhepunkte der Gegend sind die Kirche Santa Maria Gloriosa dei Frari und die Scuola Grande di San Rocco, mit über fünfzig Werken des berühmten venezianischen Malers Tintoretto. Absolut lohnenswert sind auch Ca' Pesaro, wo sich unter anderem das Museum für moderne Kunst befindet, und die schlichte, kleine Kirche San Zan Degolà mit ihren alten Fresken.

6 Insider-Tipps

Pescaria

Morgens zwischen den Venezianern über den Fischmarkt schlendern.

Scuola Grande di San Rocco

Tintorettos Meisterwerke bewundern.

Osteria Bancogiro

Von der Terrasse die Aussicht genießen.

Antica Drogheria Mascari

Etwas Leckeres für zu Hause einkaufen.

Vizio Virtù

Schokolade mit Trüffel, Tabak und Balsamico probieren.

Pasticceria Rizzardini

Eine echte venezianische Pasticceria besuchen.

● **Sehenswürdigkeiten**
○ **Shoppen**
● **Essen & Trinken**
○ **100% there**

Sehenswürdigkeiten

(1) Auf und in der Nähe der **Ponte di Rialto** (Rialtobrücke) mit ihren kleinen Souvenirläden wimmelt es eigentlich immer von Menschen. Schon Ende des 12. Jahrhunderts wurden hier Boote als Brücke verwendet, bis um 1250 dann eine richtige Holzbrücke gebaut wurde. Jahrhundertelang war die Ponte di Rialto das Herz der Stadt: Am Fuß der Brücke wurden Bankgeschäfte abgewickelt und Handel getrieben. Die heutige Steinbrücke löste 1588 die Holzbrücke ab und war bis zum Bau der Accademiabrücke 1854 die einzige Brücke über den Canal Grande. Wunderschön: der Blick von der Rialtobrücke über den legendären Kanal.

san polo, ponte di rialto, boot: rialto mercato

(2) Früher herrschte auf dem Campo San Giacometto mehr Betriebsamkeit als heute. Die Kirche **San Giacomo di Rialto** stand mitten auf dem Markt, und in den Gebäuden ringsum wurde Obst und Gemüse verkauft. Gegenüber der Kirche steht die Statue Il Gobbo, "der Bucklige". Die Treppenstufen auf seinem Rücken führen zu einer Säule, von der in alten Zeiten der Stadtausrufer die Neuigkeiten verkündete.

san polo, campo san giacometto, geöffnet: täglich 9.00-12.00 & 16.00-18.00, eintritt: frei, boot: rialto mercato

(13) Das **Ca' Pesaro** beherbergt zwei Museen: die **Galleria d'Arte Moderna** (moderne Kunst) und das **Museo Orientale** (orientalische Kunst). Besonders die Sammlung der Galleria d'Arte Moderna ist lohnenswert. Sie umfasst Werke venezianischer, italienischer und internationaler Künstler des 19. und 20. Jahrhunderts. Eines der Spitzenwerke ist Judith II (Salomé) von Gustav Klimt. Das barocke Ca' Pesaro wurde Ende des 17., Anfang des 18. Jahrhunderts für die bedeutende venezianische Familie Pesaro errichtet. Der imposante Eingang, die zentrale Halle in der ersten Etage und der Innengarten sind typische Beispiele für die Architektur der venezianischen Palazzi.

santa croce 2076, fondamenta di ca' pesaro, www.museiciviciveneziani.it, telefon: 041 5240695, geöffnet: di-so apr.-okt. 10.00-18.00, nov.-märz 10.00-17.00, eintritt: 8 €, boot: san stae

㉛ Die **Scuola Grande di San Rocco** wurde im 16. Jahrhundert fast vollständig von Tintoretto gestaltet. Über fünfzig Werke des berühmten venezianischen Künstlers sind hier zu bewundern. Damit Besucher beim Betrachten der Deckengemälde keinen steifen Nacken bekommen, können sie Spiegel für den Blick nach oben nutzen. Die Scuola wurde einst zu Ehren San Roccos gebaut, des Schutzheiligen gegen ansteckende Krankheiten und Plagen. Haben die Tintoretto-Gemälde Ihnen Lust auf mehr gemacht? Dann sollten Sie unbedingt noch in die Kirche San Rocco schräg gegenüber hineinschauen.

san polo 3052, campo san rocco, www.scuolagrandesanrocco.it, telefon: 041 5234864, geöffnet: täglich 9.30-17.30, eintritt: 8 €, boot: san tomà

㉔ Die **Santa Maria Gloriosa dei Frari**, kurz "I Frari", ist eine der größten Kirchen der Stadt. Sie wurde im 14. und 15. Jahrhundert im gotischen Stil für Franziskanermönche erbaut. Hier hängen unter anderem zwei großartige Meisterwerke von Tiziano Vecellio. Auch der Künstler selbst liegt in der Kirche begraben. Absolut sehenswert!

san polo, campo dei frari, geöffnet: mo-sa 9.00-17.30, so 13.00-17.30, eintritt: 3 €, boot: san tomà

Essen & Trinken

(3) Lust auf die spannende Mischung asiatisch-venezianisch? Auf der Karte des **Naranzaria** stehen japanische Spezialitäten wie Sushi sowie venezianische Gerichte wie Baccalà (Stockfisch) und Polenta. Eine außergewöhnliche Kombination in gemütlich-lebhafter Umgebung.
san polo 130, campo san giacometto, www.naranzaria.it, telefon: 041 7241035, geöffnet: di-so 12.00-2.00, preis: 30 €, boot: rialto mercato

(4) In einem ehemaligen Obst- und Gemüselager befindet sich die **Osteria Bancogiro**, mit fantastischer Aussicht auf den Canal Grande. Es locken eine schöne Terrasse, originelle und leichte Gerichte, gute Weine und - nicht zu vergessen - köstliche Käsesorten. Probieren Sie doch mal so tolle Kreationen wie Lachs mit Birne und Fenchel oder Ravioli mit Kakao und Ente.
san polo 122, campo san giacometto, www.osteriabancogiro.it, telefon: 041 5232061, geöffnet: di-so 9.00-24.00, preis: 40 €, boot: rialto mercato

(5) **Al Mercà** ist eigentlich nichts anderes als eine Wand mit Essensausgabe. Hier treffen sich Mitarbeiter des nahe gelegenen Gerichts, Geschäftsleute, Studenten und Touristen zu einem Imbiss. Auch im Winter steht man hier geduldig im Freien. Ideal für einen schnellen Snack.
san polo 213, campo cesare battisti, geöffnet: mo-so 9.30-14.30 & 18.00-21.00, preis: glas wein ab 1,50 €, panini 1,50 €, boot: rialto mercato

(8) Man sagt, in Venedig sei die Zeit stehen geblieben. Aber **Muro** beweist mit seiner trendigen Einrichtung und den jungen, dynamischen Gästen das Gegenteil. Hier geht es nämlich äußerst lebhaft zu: Venezianer gehen ein und aus, trinken laut diskutierend Kaffee oder Wein. Gegen Abend wird die Musik lauter und das Café verwandelt sich in eine hippe Studentenbar. Im Karneval geht hier an den Abenden die Post ab, wenn Künstler und Musiker auftreten.
san polo 222, campo cesare battisti, www.murovinoecucina.it, telefon: 041 2412339, geöffnet: mo-sa 9.00-15.00 & 17.00-2.00, preis: glas wein ab 2 €, boot: rialto mercato

LA ZUCCA ⑭

⑩ Die **Cantina Do Mori** gibt es schon seit 1462. Einer der bekanntesten Gäste: Casanova höchstpersönlich. Ein authentisches Bacaro, versteckt in den dunklen Gassen hinter dem Rialtomarkt. Es gibt keine Stühle, dafür guten Wein, ergänzt durch leckere venezianische Tapas (Cicchetti).
san polo 429, calle dei do mori, telefon: 041 5225401, geöffnet: täglich 8.00-20.00, preis: glas wein ab 2,50 €, boot: rialto mercato

⑫ Echt venezianisches Essen in traditioneller Umgebung – dafür steht das **Al Garanghelo**. Diese lebhafte Osteria ist bei Touristen und Einheimischen gleichermaßen beliebt. Gemütlich und gut.
san polo 1570, calle dei boteri, www.algaranghelo.it, telefon: 041 721721, geöffnet: mo-sa 8.30-22.00, preis: 35 €, boot: rialto, san stae

(14) Im **La Zucca** sind Vegetarier bestens aufgehoben, denn auf der Karte stehen frische Saisongemüse. Probieren Sie die Kürbisgerichte und den köstlichen Ingwerkuchen! Reservierung empfohlen, hier ist es immer voll.
santa croce 1762, ponte del megio, www.lazucca.it, telefon: 041 5241570, geöffnet: mo-sa 12.30-14.30 & 19.00-22.30, preis: 35 €, boot: san stae

(16) Eine der besten Bars an einem der schönsten Plätze des Viertels: **Al Prosecco**. Die Terrasse mit Aussicht, das riesige Weinangebot und die freundliche Bedienung machen diese Enoteca zu einem echten Geheimtipp. Zum Wein schmecken hervorragend die Vorspeisen mit Fleisch, Fisch oder Käse. Serviert werden hauptsächlich Slow-Food-Produkte.
santa croce 1503, campo san giacomo dell'orio, www.alprosecco.com, telefon: 041 5240222, geöffnet: mo-sa 9.00-20.00, preis: glas prosecco 3,50 €, boot: san stae, riva di biasio

(17) **Il Refolo** ist die erste Adresse für eine richtig gute Pizza. Alle anderen Speisen sind ebenfalls lecker, jedoch um einiges teurer. Im Sommer ist die große Terrasse am Wasser der perfekte Platz, um mit Leib und Seele venezianische Dolce Vita zu genießen.
santa croce 1459, campiello del piovan, telefon: 041 5240016, geöffnet: mitte febr.-mitte dez. mi-mo 12.00-14.30 & 19.00-22.30, preis: 40 €, pizza 10 €, boot: san stae, riva di biasio

(18) Das Eis von **Alaska** entführt Genießer in ungeahnte Sphären. Der gut gelaunte Inhaber kreiert besonders eigenwillige Geschmacksrichtungen wie Ingwer, Sellerie, Grüner Tee oder Kardamom. Ist Ihnen das zu abenteuerlich? Nehmen Sie einfach die bekannten Sorten, die sind genauso köstlich.
santa croce 1159, calle larga dei bari, telefon: 041 715211, geöffnet: täglich 12.00-23.00, boot: riva di biasio

(19) Naschkatzen sind in der **Pasticceria Rio Marin** bestens aufgehoben. An der Theke und draußen auf der kleinen Terrasse können Sie sich mit herrlichen Törtchen und unwiderstehlichem Kuchen verwöhnen lassen.
santa croce 784, fondamenta rio marin, www.pasticceriariomarin.com, telefon: 041 718523, geöffnet: mo-di & do-so 7.00-20.00, preis: cappuccino 1,30 €, boot: riva di biasio

OSTERIA BANCOGIRO ④

㉟ PASTICCERIA RIZZARDINI

㉑ Am Eiscafé **Millevoglie** kann man - selbst beim besten Willen - nicht einfach so vorbeigehen. Die Eiskugeln sind riesengroß, was man beim Bestellen berücksichtigen sollte. Eher Lust auf etwas Herzhaftes? Es gibt hier auch leckere Pizzastücke.
san polo 3033, salizada san rocco, telefon: 041 5244667, geöffnet: täglich 10.00-24.00, preis: kugel 1,30 €, boot: san tomà

㉒ Die **Bottega del Caffè Dersut** ist der Anlaufpunkt für alle, denen der Sinn nach einem erfrischenden Fruchtshake oder nach einem besonders guten Kaffee steht.
san polo 3014, campo dei frari, www.dersut.it, telefon: 041 3032159, geöffnet: mo-sa 6.00-20.00, so 8.00-14.00, preis: kaffee 1 €, boot: san tomà

(25) Das **Caffè dei Frari** wird auch die 'Spritzbar' genannt, denn Spritz ist hier die absolute Spezialität. Wer sich für diesen regionalen Aperitif nicht begeistern kann, der bekommt natürlich auch ein gutes Glas Wein oder einen Prosecco. Probieren Sie aber auf jeden Fall die leckeren Cicchetti.
san polo 2564, fondamenta dei frari, telefon: 041 5241877, geöffnet: täglich 9.00-21.00, preis: spritz 2,50 €, boot: san tomà

(33) Die **Osteria La Patatina** ist richtig gemütlich, vor allem dann, wenn das Wetter nicht mitspielt. In der kleinen Bar isst man traditionell venezianisch, also Fisch in allen Variationen. Kulinarische Highlights sind der frittierte Tintenfisch, Spaghetti mit Venusmuscheln und die venezianische Spezialität Baccalà mantecato (Stockfischmus).
san polo 2741a, calle dei saoneri, www.lapatatina.it, telefon: 041 5237238, geöffnet: mo-sa 10.00-15.00 & 18.00-22.00, preis: 35 €, boot: san tomà

(34) Die **Birraria La Corte** ist eine riesige Pizzeria mit 150 Plätzen. Ideal also für die italienische Großfamilie mit vielen Bambini oder für ein Treffen mit der ganzen Clique. Im Restaurant kann man noch zahlreiche Details aus der Zeit entdecken, in der hier eine Bierbrauerei untergebracht war. Die Pizzen sind hier bedeutend besser als in vielen anderen Pizzerien der Stadt.
san polo 2168, campo san polo, telefon: 041 2750570, geöffnet: täglich 11.00-23.30, preis: pizza 10 €, boot: san silvestro

(35) Manchmal herrscht in der vielleicht kleinsten Bäckerei der Stadt ein ziemlich heftiges Gedränge. Seit 1742 werden hier typisch venezianische Köstlichkeiten wie Kekse mit Pistazien und Schokoladengeschmack hergestellt. Marmorfußboden, Holzschränke und Holztheke sorgen in der **Pasticceria Rizzardini** für eine gemütliche Atmosphäre. Ideal für einen Kaffee mit einer süßen Kleinigkeit. Im Stehen, selbstverständlich.
san polo 1415, campiello dei meloni, telefon: 041 5223835, geöffnet: mo & mi-so 7.00-20.30, preis: espresso 0,95 €, boot: san silvestro

Shoppen

(6) In der **Casa del Parmigiano** werden Käse, Schinken und andere Delikatessen wie Kostbarkeiten präsentiert. Allesamt Qualitätsprodukte. Schon allein die Herren in makellosem Weiß sind sehenswert. Also: Nichts wie hin und genießen. Es gibt auch Wein und Olivenöl.
san polo 214-218, campo cesare battisti, www.aliani-casadelparmigiano.it, telefon: 041 5206525, geöffnet: mo-mi 8.00-13.30 & 16.30-19.30, do-sa 8.00-19.30, boot: rialto mercato

(7) Auf der Suche nach einer schönen Pastazange oder einer ausgefallenen Karaffe? Dann sollten Sie unbedingt mal bei **Kirei** vorbeischauen. Neben vielen Design- und Stahlprodukten gibt es auch klassisches Kupfergeschirr.
san polo 219, campo cesare battisti, www.kireicasa.com, telefon: 041 5228158, geöffnet: mo-sa 9.30-13.00 & 16.00-19.30, boot: rialto mercato

(9) Schon der verführerische Duft lockt in die **Antica Drogheria Mascari**, einen der ältesten Delikatessenläden der Stadt. Neben vielen verschiedenen Kräutern und Gewürzen werden auch Süßigkeiten, Wein, Grappa, Trüffel und Olivenöl verkauft. Die getrockneten *porcini* (Steinpilze) sind Spitzenklasse.
san polo 381, calle/ruga degli spezieri, www.imascari.com, telefon: 041 5229762, geöffnet: mo-sa 8.00-13.00 & 16.00-19.30, boot: rialto mercato

(23) **Polliero** ist ein gemütlich-chaotischer Papierladen, der sich auf Buchbinderei spezialisiert hat und seit drei Generationen in Händen der Familie ist. Hefte, Mappen, Adressbücher, Fotorahmen und vieles mehr findet der Papierfreund hier, alles aus schön marmoriertem Papier.
san polo 2995, campo dei frari, telefon: 041 5285130, geöffnet: mo-sa 10.30-13.00 & 15.30-19.30, boot: san tomà

(26) In ihrem kleinen Laden **Pandora** verkauft Inhaberin Simone Schals und Silberschmuck. Manche Objekte kommen aus Italien, andere aus Indien oder Fernost. Bei einem Blick ins Schaufenster kann man schwer widerstehen.
san polo 2852, campo san tomà, telefon: 041 5229508, geöffnet: mo-sa 10.30-14.00 & 15.30-19.30, boot: san tomà

㉚ FANNY

㉗ Schokoladenfreunde müssen unbedingt zu **Vizio Virtù**. Außer Pralinen in allen Geschmacksrichtungen finden Sie dort witzige Accessoires und Produkte, hergestellt aus und mit Schokolade. Wie wäre es mit Espressotassen aus Schokolade oder Tagliatelle mit Kakao? Oder lieber Schokolade mit Trüffel, Olivenöl, Tabak und Balsamico? Im Winter gibt es einen köstlichen dicken, unwiderstehlichen Kakao.

san polo 2898a, calle del campaniel, www.viziovirtu.com, telefon: 041 2750149, geöffnet: mo-sa 10.00-13.00 & 16.00-19.30, boot: san tomà

28 Bei **Tragicomica** erstehen oder mieten Sie für den Karneval jede Menge handgemachte Masken und Kostüme, die von der Commedia dell'Arte und venezianischer Kleidung des 17. und 18. Jahrhunderts inspiriert sind. Ziehen Sie doch mal als Arlecchino um die Häuser!
san polo 2800, calle dei nomboli, www.tragicomica.it, telefon: 041 721102, geöffnet: täglich 10.00-19.00, boot: san tomà

29 Hier geht es nicht um Quantität, sondern um Qualität. **Sabbie e Nebbie** hält es betont schlicht: Einzelne, schöne Geschirrteile sind geschmackvoll drapiert. Neben fragilen Schalen, japanischen Teekannen und italienischen Vasen werden auch Seidenschals verkauft. In diesem eleganten Geschäft reist der Besucher von Ost nach West - und zurück.
san polo 2768a, calle dei nomboli, telefon: 041 719073, geöffnet: mo-sa 10.00-12.30 & 16.00-19.30, boot: san tomà

30 Selbst im Hochsommer kauft man bei **Fanny** noch handgemachte Lederhandschuhe, die es in allen Farben und Größen gibt: lang, kurz, genoppt, mit Reißverschluss oder Druckknöpfen. Oder doch lieber eine bunte, originelle Ledertasche für den Sommer? Die gibt es hier auch.
san polo 2723, calle dei saoneri, telefon: 041 5228266, geöffnet: täglich 9.30-13.30 & 14.30-19.30, boot: san tomà

31 **Gilberto Penzo** kennt sich mit venezianischen Booten richtig gut aus und baut sie in Miniaturgröße nach. Nicht nur Gondeln, auch Vaporetti und verschiedene Fischerboote. Die kleinen Bootsbausätze sind ein wirklich originelles Souvenir und die ideale Beschäftigung für lange Winterabende.
san polo 2681, calle seconda dei saoneri, www.veniceboats.com, telefon: 041 719372, geöffnet: mo-sa 8.00-13.00 & 15.00-18.00, boot: san tomà

32 **La Maison de la Sireneuse** ist ein Mix aus Laden und Markt - voll mit neuer, gebrauchter und auch selbst geschneiderter Kleidung, Vintage und Accessoires. Die Eigentümerin fertigt auch Schmuck an. Bleibt nur noch die Frage: Der Freundin etwas mitbringen oder sich selbst beschenken?
san polo 2614a, rio terà, geöffnet: mo-sa 10.00-20.00, boot: san tomà

⑪ **PESCARIA**

100% there

(11) Die **Pescaria** ist durch ihre Lage am Canal Grande zweifelsohne einer der schönsten Fischmärkte Europas. Schon seit über sechs Jahrhunderten wird hier Fisch verkauft. Und das äußerst stilvoll: Die Markthalle wurde 1907 im neogotischen Stil erbaut. An den Fischmarkt grenzt der Gemüse- und Obstmarkt. Auch für andere kulinarische Genüsse ist gesorgt, denn in den Straßen rund um den Markt gibt es viele Metzger und Delikatessengeschäfte.
san polo, campo della pescaria, geöffnet: mo-so bis 13.00 (mo nur gemüsemarkt), boot: rialto mercato

(15) Zwischen all den prachtvollen venezianischen Kirchen besticht **San Zan Degolà** durch ihre Schlichtheit. 1945 und 1993 fand man bei Restaurationsarbeiten Fresken aus dem 13. und 14. Jahrhundert, welche zu den ältesten Venedigs zählen. Planen Sie also einen kleinen Umweg ein und tauchen Sie in dieser kleinen Kirche im byzantinisch-venezianischen Stil in die Vergangenheit ein.
santa croce, campo san giovanni decollato, geöffnet: mo-sa 10.00-12.00, eintritt: frei, boot: riva di biasio

(36) Bereit für einen trendigen italienischen Haarschnitt? Bei **Stefano e Claudia** ist dies ein besonderes Erlebnis. Mit Blick auf den Canal Grande wird Ihre Frisur fachkundig in Form gebracht. Hier lassen sich auch die Venezianer gerne einen neuen Schnitt verpassen, also am besten vorher einen Termin vereinbaren.
san polo 1098b, riva del vin, www.stefanoeclaudia.com, telefon: 041 5201913, geöffnet: di-sa 9.00-17.00, preis: schneiden ab 32 €, boot: san silvestro

Santa Croce & San Polo

Startpunkt: Rialtobrücke (1). Rechts vorne liegt die Kirche San Giacomo di Rialto (2). Der Campo San Giacometto lädt zum Mittagessen ein (3) (4), oder Sie gehen weiter zum Campo Cesare Battisti zum Essen und Shoppen (5) (6) (7) (8). Schräg links hinter diesem Platz geht es in die Ruga degli Spezieri. Gleich hinter dem Delikatessenladen Mascari (9) biegen Sie links ab und dann wieder links zur Bar (10). Am Ende der Ruga degli Spezieri liegt der Markt (11). Über die C. delle Beccarie gelangen Sie zur Calle dei Botteri (12). Überqueren Sie den kleinen Campo San Cassian und biegen Sie schräg rechts in die C. dei Morti ein. Über die C. del Ravano gelangen Sie zur Ca' Pesaro (13). Nach dem Museumsbesuch gehen Sie zum Campo San Stae. Von hier links in die Salizada San Stae und dann wieder rechts in die C. del Tintor. Am Ende liegt links um die Ecke La Zucca (14). Hinter der kleinen Brücke geradeaus sehen Sie sich Fresken an (15) oder Sie biegen links ab zum Campo San Giacomo dell'Orio zu Al Prosecco (16) oder zur Pizzeria (17). Überqueren Sie am Campiello del Piovan die Brücke zur C. di Ruga Vecchia. Biegen Sie auf dem Campo Nazario Sauro rechts in die Calle Larga dei Bari ein (leckeres Eis!) (18). Danach ein paar Meter zurück in die Calle delle Croce zum Kanal Rio Marin. Hinter der Brücke links gibt es Süßes (19). Geradeaus geht es zum Corte Canal. Hinter der Brücke rechts in die Fondamenta de le Sechere und links in die C. de le Chiovere. Sie kommen zur Scuola Grande di San Rocco (20) und zu einer guten Eisdiele (21). Auf dem Platz können Sie Kaffee trinken (22) und im Papierladen stöbern (23). Um die Ecke liegt 'I Frari' (24), gegenüber davon die Spritzbar (25). Gehen Sie ein Stück zurück und über die C. Larga zum Campo San Tomà (26). Rechts in der C. del Campaniel ist ein Schokoladengeschäft (27). Überqueren Sie den Campiello San Tomà schräg. In der C. dei Nomboli (28) (29) biegen Sie links in die Rio Terà dei Nomboli ein und dann rechts in die C. dei Saoneri (30). In der C. Seconda dei Saoneri gibt es hübsche Läden (31) (32). Weiter geht es über die C. dei Saoneri (33) zum Campo San Polo (34). Den Schildern 'Rialto' folgen und Sie kommen Sie zur Pasticceria Rizzardini (35). Zum Schluss nach rechts in die C. del Galizzi und dann über die Riva del Vin (36) zur Rialtobrücke.

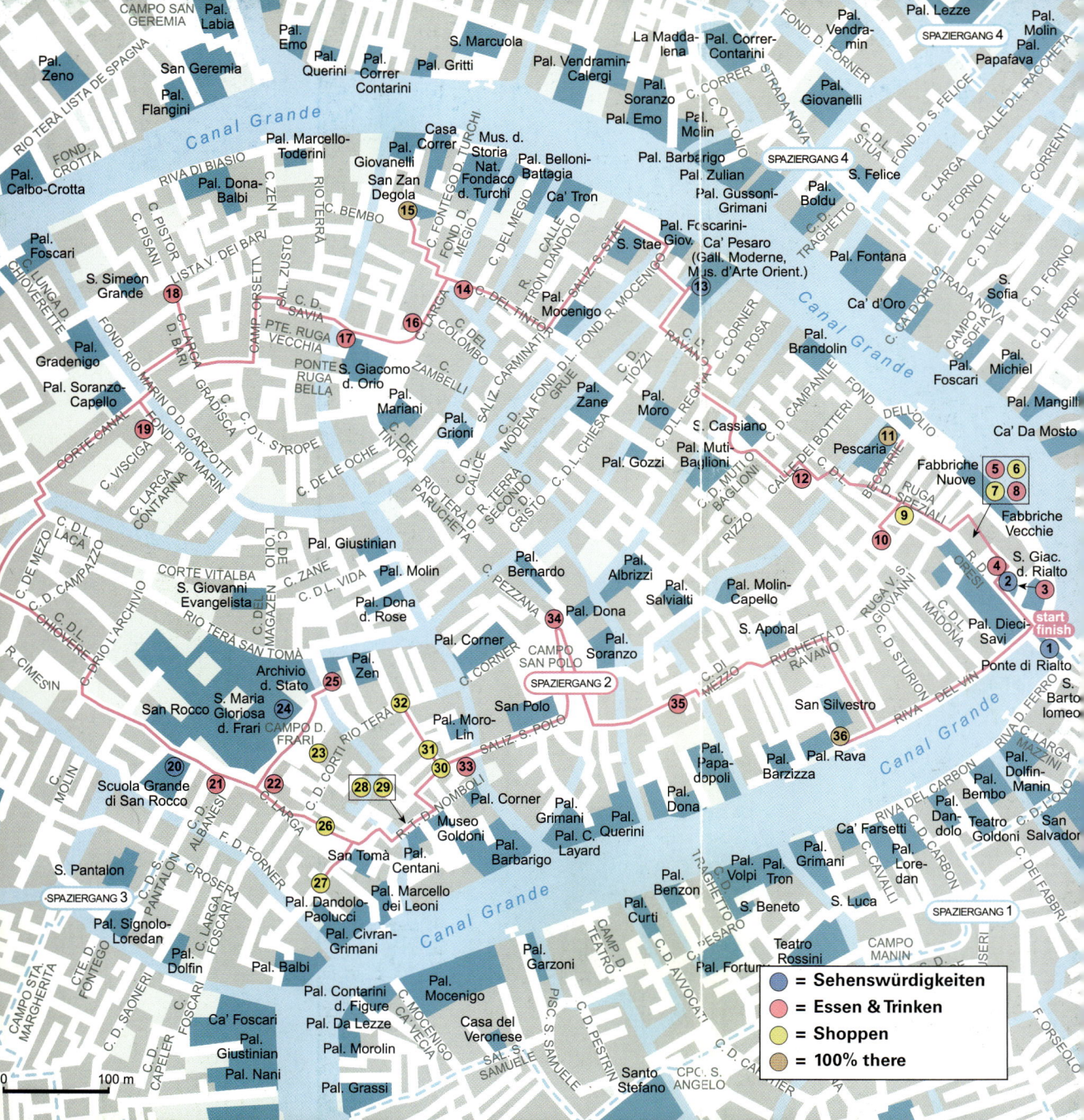

Dorsoduro

Kunstwerke und studentisches Flair

Kunstliebhaber dürfen das Viertel Dorsoduro auf keinen Fall verpassen. Ganz Venedig ist reich an Museen, aber hier liegen gleich vier Kunst-Highlights: die Gallerie dell'Accademia (besser bekannt als "Accademia"), Ca' Rezzonico (alte Kunst), das Peggy-Guggenheim-Museum (mit vielen bekannten Werken aus dem 20. Jahrhundert) und das Museum für zeitgenössische Kunst, Punta della Dogana. Zusammen mit den Kunstwerken in Kirchen und Galerien bieten die Museen in Dorsoduro genug, um einen oder mehrere äußerst kunstvolle Tage zu verbringen.

Dorsoduro ist auch das Studentenviertel Venedigs. Die Universität Ca' Foscari ist hier mit den wichtigsten Gebäuden vertreten, umringt von beliebten Studentenbars und preisgünstigen Restaurants. Die angesagten Cafés liegen hauptsächlich am Campo Santa Margherita, einem schönen, großen Platz im Norden des Viertels. Nachtschwärmer, Partygänger und Karnevalfans sind dort gut aufgehoben. Aber auch an einem ganz normalen Wochentag, wenn

3

auf dem Platz nur ein paar einsame Fisch- und Gemüsestände aufgebaut sind, kann man in den umliegenden Cafés herrlich Kaffee trinken.

Obwohl Dorsoduro gut besucht ist, kann man in die stillen Gassen ausweichen und so den Menschenmassen entweichen. Besonders die Gegend um die kleine, abgelegene Kirche San Nicolò dei Mendicoli herum ist eine Oase der Ruhe. Aber auch östlich der Accademia, Richtung Kirche Santa Maria della Salute, können Sie den Touristenstrom hinter sich lassen.

Auf keinen Fall verpassen sollte man die einzigartige Atmosphäre, in die man auf den Zattere eintauchen kann. Diese lange, breite Straße entlang des Canale della Giudecca gehört am Nachmittag und am Sonntag den flanierenden Venezianern. Hier verläuft auch jeden Oktober der Marathon von Venedig. Auf den Zattere sollte man sich in einem Café niederlassen und die weite Sicht auf die Insel Giudecca und die Lagune genießen. Che bello!

6 Insider-Tipps

Gallerie dell'Accademia

Sich von Meisterwerken verführen lassen.

Cantinone già Schiavi

Crostini essen und Prosecco trinken.

Peggy-Guggenheim-Museum

Moderne Kunst bestaunen.

Zattere

Die Aussicht in einem Café genießen.

Campo Santa Margherita

Stimmungsvoller Platz zum Verschnaufen.

Madera

Stilvolle Accessoires für zu Hause kaufen.

Sehenswürdigkeiten   **Essen & Trinken**

Shoppen   **100% there**

Sehenswürdigkeiten

① Die **Gallerie dell'Accademia** verfügen über eine riesige Sammlung venezianischer Kunst von 1400 bis 1900. Hier hängen die Werke aller großen Maler wie Bellini, Carpaccio, Giorgione, Tiepolo, Tintoretto, Tiziano und Veronese. Zu den Glanzstücken gehören La Tempesta (Der Sturm) von Giorgione und Convito in Casa di Levi (Das Gastmahl im Hause des Levi) von Veronese. Ein Muss für alle Kunstfreunde.
dorsoduro 1050a, campo della carità, www.gallerieaccademia.org, telefon: 041 5222247/5200345, geöffnet: mo 8.15-14.00, di-so 8.15-19.15, eintritt: 6,50 €, boot: accademia

⑬ Der barocke **Palazzo Ca' Rezzonico** beherbergt seit 1934 das Museum für venezianische Kunst des 18. Jahrhunderts. Besonders die Fresken von Tiepolo und der riesige Ballsaal sind absolut sehenswert. Schön ist auch die alte überdachte Gondel in der Halle. Im frei zugänglichen Garten hinter dem Museum kann man sich von allen Sightseeing-Strapazen erholen.
dorsoduro 3136, fondamenta rezzonico, www.museicivicivenevziani.it, telefon: 041 2410100, geöffnet: mo & mi-so apr.-okt. 10.00-18.00, nov.-märz 10.00-17.00, eintritt: 7 €, boot: ca' rezzonico

⑰ Das beeindruckende Deckengemälde von Gian Antonio Fumiani ist die Attraktion der Kirche **San Pantalon**. Der Künstler hat 24 Jahre dafür gebraucht und starb nach einem Sturz vom Gerüst. Für fünfzig Cent wird die Decke eine Minute lang beleuchtet und erstrahlt dann in vollem Glanz.
dorsoduro, campo san pantalon, geöffnet: mo-fr 10.00-12.00 & 13.00-15.00, eintritt: frei, boot: san tomà

⑳ In einem entlegenen Winkel der Stadt steht eine der kleinsten und schönsten Kirchen Venedigs, **San Nicolò dei Mendicoli**. Für einen Euro geht das Licht an und alle Ornamente, Wand- und Deckengemälde können bestaunt werden – in aller Ruhe, denn nur wenige finden den Weg hierher.
dorsoduro, campo san nicolò, geöffnet: mo-sa 10.00-12.00 & 15.00-17.30, so 10.00-12.00, eintritt: frei, boot: san basilio

(29) **Punta della Dogana** ist ein Museum für zeitgenössische Kunst in einem renovierten, historischen Zollhaus. Hier ist die Sammlung des sehr vermögenden französischen Unternehmers und Kunstsammlers François Pinault ausgestellt, der als einflussreichster Kunstkenner gilt. Und das ist nicht mal übertrieben, schließlich besitzt er neben dieser beeindruckenden Sammlung noch ein anderes berühmtes Museum in Venedig: den Palazzo Grassi am Canal Grande.

dorsoduro 1, punta della dogana, www.palazzograssi.it, telefon: 0445 230313, geöffnet: mo & mi-so 10.00-19.00, eintritt: 15 €, boot: salute

(30) Die **Santa Maria della Salute** gehört mit ihrer riesigen, schon von Weitem sichtbaren Kuppel zur berühmten Stadtsilhouette von Venedig. Die 'Salute' wurde gebaut, um das Ende der Pestepidemie (1630) zu feiern. Am 21. November gedenkt man noch heute während der Festa della Madonna della Salute dieser Katastrophe. Venezianer überqueren dann über eine Schiffsbrücke den Canal Grande und zünden in der Kirche eine Kerze an. In der Sakristei hängen dreizehn Gemälde von Tizian und Tintoretto.

dorsoduro, campo della salute, geöffnet: täglich 9.00-12.00 & 15.00-17.30, eintritt: sakristei 2 €, boot: salute

(31) Im Gebäude des heutigen **Peggy-Guggenheim-Museums** wohnte von 1949 bis zu ihrem Tod 1979 die Amerikanerin Peggy Guggenheim. Sie sammelte und handelte mit moderner Kunst, und so gibt es im Museum hauptsächlich Werke des 20. Jahrhunderts. Picasso, Kandinsky, Mirò, Chagall, Pollock, De Kooning und Max Ernst - alle haben sie dort ein Zuhause gefunden. Im Museumscafé kann man leckere Kleinigkeiten mit Blick auf den Garten genießen. Neben dem Museum befindet sich der Museumsshop - ideal für stilvolle Geschenke. Interessantes Detail: Im Museumsgarten wurden alle Hunde von Peggy begraben.

dorsoduro 701, palazzo venier dei leoni, fondamenta vernier, www. guggenheim-venice.it, telefon: 041 2405411, geöffnet: mo & mi-so 10.00-18.00, eintritt: 12 €, boot: accademia, salute

PUNTA DELLA DOGANA 29

⑭ ORANGE RESTAURANT & CHAMPAGNE LOUNGE

Essen & Trinken

(2) Obwohl **Cantinone già Schiavi** mehr und mehr von Touristen entdeckt wird, ist es noch immer eine gemütliche Enoteca, in der die Einheimischen ein- und ausgehen, um an der großen Marmortheke einen Wein oder Prosecco zu trinken. Die Crostini sind hier originell belegt, zum Beispiel mit Thunfischsalat und Kakao oder mit Ricotta und Kürbispüree.
dorsoduro 992, ponte san trovaso, telefon: 041 5230034, geöffnet: mo-sa 8.00-20.30, so 9.00-13.30, preis: crostini 1 €, prosecco 2 €, boot: accademia, zattere

(7) Die kleine **Enoteca Ai Artisti** ist modern und geschmackvoll eingerichtet, doch noch schöner sitzt man auf der Terrasse am Wasser, mit einem Espresso oder einem Spritz in der Hand. Die Speisekarte ist übersichtlich und einfach, doch alle Gerichte werden mit frischer Marktware zubereitet.
dorsoduro 1169a, fondamenta della toletta, telefon: 041 5238944, geöffnet: mo-so 8.00-22.00, preis: salat 8 €, tagesmenü 30 €, boot: ca' rezzonico, accademia

(9) In der **Trattoria La Bitta** werden herrliche *linguine con ragù* (Pasta mit Fleischsoße), Kürbisgnocchi mit geräuchertem Ricotta oder Eintöpfe mit Wild serviert. Über sechzig Weine sind im Angebot und die Eigentümerin Debora weiß genau, welcher Wein am besten zu Ihrem Gericht passt. Die dezente Jazzmusik trägt zur angenehmen Atmosphäre bei. Im Sommer kann man im Innenhof essen. Ein venezianischer Traum!
dorsoduro 2753a, calle lunga san barnaba, telefon: 041 5230531, geöffnet: mo-sa 18.30-23.00, preis: 35 €, boot: ca' rezzonico

(14) Das **Orange Restaurant & Champagne Lounge** auf dem Campo Santa Margherita ist trendig und grell orange eingerichtet. Lust auf einen Spritz mit Crostini? Dann nichts wie hin. Zusätzlicher Pluspunkt: Hier gibt es die einzige Dachterrasse am ganzen Platz. Genießen Sie die Aussicht!
dorsoduro 3054a, campo santa margherita, www.orangebar.it, telefon: 041 5234740, geöffnet: täglich 10.00-2.00, preis: spritz mit crostini 2,30 €, boot: ca' rezzonico

② ⑦

② Die Spezialität von **Pane, Vino & San Daniele** ist - wie kann es anders sein - San Daniele. Diesen Spitzenschinken kann man sich hier als Antipasto oder in Kombination mit anderen Speisen bestellen. Das Restaurant ist nicht nur wegen des berühmten Schinkens, sondern auch wegen der fantastischen Lage und der gemütlichen Terrasse auf dem ruhigen Platz einen Besuch wert. Weitere kulinarische Hochgenüsse: Slow-Food-Produkte wie Olivenöl, Safran und Balsamico.

dorsoduro 1722, campo dell'angelo raffaele, telefon: 041 5237456, geöffnet: täglich 12.00-14.30 & 19.00-22.00, preis: 40 €, boot: san basilio

㉒ Etwas abseits des Weges liegt das **Avogaria**, wo man gut und in aller Ruhe essen kann. Die Einrichtung ist schlicht und auf der Karte stehen hauptsächlich Gerichte aus dem süditalienischen Apulien. In einem der drei stilvollen Hotelzimmer können Sie nach einem opulenten Dinner auch übernachten. Bitte beachten: Im kleinen Innengarten dürfen nur Hotelgäste zu Abend essen.

dorsoduro 1629, calle de l'avogaria, www.avogaria.com, telefon: 041 2960491, geöffnet: täglich 7.00-24.00, preis: mittagessen 15-20 €, boot: san basilio

㉖ **Da Nico** gehört zu den bekanntesten Eisdielen der Stadt. Sonntags unterbrechen viele Venezianer ihren Bummel über die Uferstraße, um sich zwischendurch ein köstliches *gelato* zu gönnen. Wer den Geschmack von italienischem Eis mit nach Hause nehmen möchte, kann bei Da Nico Dosen mit Eispulver kaufen.

dorsoduro 922, zattere, telefon: 041 5225293, geöffnet: mo-mi & fr-so 6.45-22.00, preis: kugel 1,30 €, boot: zattere

㉗ Das Restaurant **La Piscina** hat für jede Tageszeit das passende Ambiente: Die große Terrasse an den Zattere ist ideal für ein Mittag- oder Abendessen, den Sonnenuntergang gibt es gratis dazu. Sogar im Winter trinken die Italiener - mit großen Sonnenbrillen bestückt und in Pelze gehüllt - auf der Terrasse ihren täglichen Kaffee oder Spritz.

dorsoduro 782, fondamenta zattere ai gesuiti, telefon: 041 2413889, geöffnet: di-so 12.30-22.00, preis: 50 €, boot: zattere

㉘ Ein Drink im **Lineadombra** auf der großen Terrasse mit umwerfender Aussicht ist ein Muss. Im stilvoll-schlichten Ambiente werden auch Mittags- und Abendgerichte angeboten. Die Speisen sind originell, die Portionen allerdings eher klein - die Preise dafür umso höher. Dennoch: The place to be.

dorsoduro 19, ponte de l'umiltà, www.ristorantelineadombra.com, telefon: 041 2411881, geöffnet: mo-di & do-so 12.00-15.30 & 18.00-22.30, im winter zwei monate geschlossen, preis: 70 €, boot: salute

Shoppen

③ Bei **Micheluzzi** gibt es hochwertiges Glas von Massimo Micheluzzi. Der Venezianer hat ein paar Jahre für Archimede Seguso gearbeitet, für viele Einheimische der Meister der Glasbläserei schlechthin. Massimo hat jedoch seinen eigenen Stil entwickelt: klare Linien und dunkle, warme Farben. Seine Werke sind in vielen Museen auf der ganzen Welt zu finden.
dorsoduro 1071, ponte de le maravegie, telefon: 041 5282190, geöffnet: täglich 10.00-13.00 & 16.00-18.00, im aug. und im winter so geschlossen, boot: accademia

④ Schon seit Jahrhunderten werden in Venedig Glasperlen hergestellt, aber erst seit Ende des 18. Jahrhunderts sind die Perlen aus den Murano-Öfen weltberühmt. Im kleinen Laden **Antichità Claudia Zaggia** verkauft die Inhaberin alte Perlen in den schönsten Farben und Mustern. Meisterstücke: Claudia fertigt aus den Perlen auch Schmuck an.
dorsoduro 1195, sacca de la toletta, telefon: 041 5223159, geöffnet: mo 16.00-19.30, di-sa 9.30-12.30 & 16.00-19.30, oft auch so, boot: accademia

⑤ Bücherfreunde sind in der Sacca de la Toletta gut aufgehoben, denn die **Libreria Toletta** bietet ihre Bücher gleich in drei verschiedenen Niederlassungen an. Es gibt jede Menge Kunst- und Fotobücher, aber auch englischsprachige Literatur.
dorsoduro 1214, sacca de la toletta, telefon: 041 5232034, geöffnet: mo-sa 9.30-13.00 & 15.30-19.30, boot: accademia

⑥ Bei **Canestrelli** werden gewölbte Spiegel hergestellt und auch vor Ort verkauft. Der Inhaber lässt sich dabei von der Kunstgeschichte inspirieren und verwendet alte Techniken, um moderne Spiegel-Unikate zu entwerfen. Sicher gibt es bei Ihnen zu Hause noch einen freien Platz an der Wand für einen ausgefallenen Spiegel
dorsoduro 1173, sacca de la toletta, www.venicemirrors.com, telefon: 041 2770617, geöffnet: mo-sa 11.00-13.30 & 16.00-19.30, boot: accademia

MADERA ⑧

(8) Im kleinen Shop **Madera** sieht es aus wie in der Küche von jemandem mit minimalistischem, aber sehr gutem Geschmack. Die Schüsseln, Teller und Gläser werden auf einem großen Tisch hübsch präsentiert. Zwischen Geschirr und Besteck werben ausgefallene Schmuckstücke um Aufmerksamkeit.
dorsoduro 2762, campo san barnaba, www.maderavenezia.it, telefon: 041 5224181, geöffnet: di-sa 10.00-13.00 & 16.30-19.30, boot: ca' rezzonico

(10) In der Werkstatt von **Signor Blum** werden Holzaccessoires, Puzzles und Spielsachen hergestellt und im angeschlossenen Geschäft verkauft. Natürlich gibt es hier auch die Rialtobrücke, die Basilica San Marco und die Palazzi des Canal Grande als Puzzle. Ein fröhlicher Laden für große und kleine Kinder!
dorsoduro 2840, campo san barnaba, www.signorblum.com, telefon: 041 5226367, geöffnet: täglich 10.00-13.30 & 14.30-19.00, boot: ca' rezzonico

(11) Im **Bressanello Art Studio** sind alle Venedig-Andenken Unikate. In den abstrakten Gemälden und Fotos des sympathischen Eigentümers entdeckt man häufig Details der Stadt. Einen kleinen Druck gibt es schon für 25 Euro.
dorsoduro 2835a, ponte dei pugni, www.bressanelloartstudio.com, telefon: 041 7241080, geöffnet: mo-sa 9.30-13.00 & 15.30-19.00, boot: ca' rezzonico

(12) Im Laden **Il Graffio** gestalten und verkaufen Alessandra D'Agnolo und Luigi Lombardo eigene Kunstwerke, darunter Drucke und Radierungen, Ledertaschen und Terakottatöpfe oder -vasen. Schön und erschwinglich!
dorsoduro 3186, calle de le botteghe, telefon: 041 3196036, geöffnet: mo-sa 10.00-19.30, boot: ca' rezzonico

(16) Ein Besuch im **Nave de Oro** lohnt sich für jeden Weinfreund. Dort gibt es nämlich Wein vom Fass, bereits ab 1,70 Euro für einen ganzen Liter. Erwarten Sie keine Spitzenqualität, die Weine sind einfach, aber gut und stammen meistens aus der Gegend. Praktisch zum Mitnehmen: Der Wein wird in Plastikflaschen gefüllt.
dorsoduro 3664, campo santa margherita, geöffnet: mo-di & do-sa 9.30-13.00 & 17.00-20.00, mi 9.30-13.00, boot: ca' rezzonico

(18) **Elitre** ist nicht einfach ein Laden, sondern ein Concept Store für extravagante Kleidung und Designermode. In der bunten und optisch ansprechenden Umgebung vergisst man schnell die Welt der Alltagsklamotten: Wie wäre es mit witzigen Schuhen von Agatha Ruiz de la Prada oder einer Tasche von Irregular Choice?
dorsoduro 3949/3950, crosera, www.elitre.it, telefon: 041 0990067, geöffnet: mo-sa 10.00-13.00 & 15.00-19.30, boot: san tomà

(23) Bei **Nono Colussi** gibt es im Februar das traditionelle Karnevalsgebäck. In der offenen Backstube hinter dem Laden bäckt "Opa" Franco Colussi schon seit über sechzig Jahren *galani* (dünner Teig mit Puderzucker) und *fritelle* (eine Art Krapfen). In der Weihnachtszeit locken himmlischer *pandoro* (sternförmiger Kuchen) und *panettone* (Kuchen mit Rosinen und Früchten).
dorsoduro 2867a, calle lunga de san barnaba, telefon: 041 5231871, geöffnet: do-so 9.30-13.00 & 16.00-19.00, juni-sept. geschlossen, boot: ca'rezzonico

(24) Nostalgiker und Romantiker geraten bei **Annelie** ins Schwelgen. Der Laden ist voll mit weißem Leinen und filigranen Spitzen: Sommerkleidung, Bettwäsche, Nachthemden, Babykleidchen, Tischdecken und Servietten.
dorsoduro 2748, calle lunga de san barnaba, telefon: 041 5203277, geöffnet: mo-sa 9.30-12.30 & 16.00-19.30, boot: ca' rezzonico

(32) Der auffällige Glasschmuck von **Marina e Susanna Sent** liegt in vielen Museumsshops aus, zum Beispiel bei Peggy Guggenheim. In den Läden von Sent werden neben Schmuck auch moderne bunte Vasen und Flaschen verkauft. Weitere Filiale: auf der Ponte San Moisè 2090.
dorsoduro 669, campo san vio, www.marinaesusannasent.com, telefon: 041 5208136, geöffnet: täglich 10.00-18.00, boot: accademia

(33) **Totem il Canale** ist ein Laden bzw. eine Galerie für afrikanische Kunst (Masken, Figuren und Stoffe), prächtige venezianische Glasketten, moderne Kunstwerke, Gemälde und Schmuck von unterschiedlichen Künstlern. Kurzum, für jeden Geschmack gibt es hier Kunst- und Stilvolles.
dorsoduro 878b, rio terà antonio foscarini, www.totemilcanale.com, telefon: 041 5223641, geöffnet: mo-sa 10.00-13.00 & 15.00-19.00, apr.-nov. auch so, boot: accademia

MARINA E SUSANNA SENT ㉜

100% there

(15) Auf dem **Campo Santa Margherita** herrscht von frühmorgens bis spätabends ein geschäftiges, fröhliches Treiben. Bei einer Tasse Kaffee am Morgen schaut man den Anwohnern bei ihren täglichen Einkäufen an den Fisch-, Gemüse- und Obstständen zu. Abends füllt sich der Platz mit venezianischen Nachtschwärmern.
dorsoduro, campo santa margherita, boot: ca' rezzonico

(19) Neben der Kirche Santa Maria dei Carmini steht die **Scuola Grande dei Carmini**. Die Karmeliter erteilten Tiepolo 1663 den Auftrag, die Decken ihrer Schule zu bemalen. Mit Spiegeln können die wunderbaren Deckenmalereien heute ausgiebig betrachtet werden. Kunst für die Ohren: In der Scuola finden auch regelmäßig klassische Konzerte statt. Einfach mal im Programm nachschauen, das an der Kasse erhältlich ist.
dorsoduro 2617, campo santa margherita, telefon: 041 5289420, geöffnet: täglich 11.00-16.00, eintritt: 5 €, boot: ca' rezzonico, san basilio

(25) An der Uferpromenade **Zattere** liegen viele Restaurants und Bars. Hier lautet die Devise: Entspannt wie die Venezianer über die Straße flanieren, sich auf einer Terrasse am Wasser niederlassen und die herrliche Aussicht genießen. Kurz gesagt, abschalten und den Alltag hinter sich lassen.
dorsoduro, zattere, boot: zattere

Dorsoduro

Direkt an der Accademiabrücke, dem Startpunkt des Spaziergangs, liegen die Gallerie dell'Accademia (1). Über die Calle Gambara gelangen Sie zur Fondamenta Priuli. Wie wäre es mit einem Glas Prosecco mit Cicchetti bei Cantinone già Schiavi (2)? Überqueren Sie die Brücke, biegen Sie rechts ab und dann links in die Sacca de la Toletta ein (3) (4) (5) (6). Ein leichtes Mittagessen gibt es bei Ai Artisti (7). Am Ende der Fondamenta de la Toletta geht es weiter über die Brücke bis zum Campo San Barnaba (8) (9) (10) und von dort bis zur Brücke links vor der Galerie (11). Nach der Brücke, auf der rechten Seite des Platzes, in der Mitte der Calle de le Botteghe, ist ein netter Laden (12). Am Ende der Fondamenta Rezzonico befindet sich der Museumseingang (13). Nach dem Museumsbesuch geht es ein Stückchen zurück und dann nach rechts in die Rio Terà Canal. Links um die Ecke liegt einer der schönsten Plätze der Stadt, Campo Santa Margherita (14) (15) (16). Am Ende des Platzes überqueren Sie die Brücke, um das Deckengemälde in der Kirche San Pantalon (17) zu betrachten. Weiter geht es über die Calle de San Pantalon und dann rechts zu Crosera für extravagante Mode (18). Dann zurück zum Campo Santa Margherita und über die Scuola Grande dei Carmini (19) zum Campo dei Carmini. Sie überqueren den Kanal, wenden sich nach links und schlendern am Ufer entlang zu San Nicolò dei Mendicoli (20). Wieder geht es ein Stück zurück und über die zweite Brücke, hinter der Kirche, links zu Pane, Vino & San Daniele (21). Nach einer Verschnaufpause auf dem Platz geht es weiter über die Brücke in die Calle de l'Avogaria (22), die in die Calle Lunga de San Barnaba (23) (24) übergeht. Fast am Ende biegen Sie rechts in die kleine Straße C. de le Turchette ein. Dem Straßenverlauf bis an die Zattere (25) folgen. Ganz venezianisch lassen sich das Leben und die Aussicht auf der Promenade und den zahlreichen Terrassen genießen (26) (27) (28). An der Spitze liegt das Museum Punta della Dogana (29). Von dort aus geht es an der Kirche Santa Maria della Salute (30) vorbei und durch die Calle de l'Abazia zum Peggy-Guggenheim-Museum (31). Jetzt nur noch den Schildern "Accademia" folgen und das Ziel ist erreicht. Unterwegs gibt es noch einen Glasladen (32) und eine Galerie (33).

= Sehenswürdigkeiten

= Essen & Trinken

= Shoppen

= 100% there

Cannaregio

Das "andere Venedig"

Obwohl Cannaregio ein ruhiges Viertel ist, wird es von der touristischen Hauptstrecke durchzogen: dem Weg von der Ferrovia (Bahnhof) zur Ponte Rialto (Rialtobrücke) und zur Piazza San Marco (Markusplatz). Die vielen Tagestouristen wollen offensichtlich alle den kürzesten Weg zu den Highlights von Venedig nehmen. Abseits der Hauptstraßen aber begegnet einem die Stille dieses authentischen Stadtviertels.

Venedig ist eine teure Stadt, und regelmäßig ziehen Einwohner auf das günstigere Festland. Viele "normale" Geschäfte sind in den letzten Jahren den Glas- und Maskenläden gewichen. Aber gerade im nördlichen Cannaregio ist Venedig noch relativ ursprünglich. Nur wenige Touristen bemühen sich, dieses "andere Venedig" kennenzulernen. Zum Glück, denn so erhalten die wenigen Interessierten einen guten Eindruck vom normalen venezianischen Leben. Es gibt noch Tante-Emma-Läden, kleine Bars und sympathische Restaurants. Die Anwohner lieben ihr Viertel, das spürt man überall.

4

Gleich hinter den stark frequentierten Hauptwegen liegt das ehemalige jüdische Ghetto. Um 1500 wurden die Juden gezwungen, sich in diesem Viertel niederzulassen. Die Häuser sind hier höher als in anderen Stadtteilen Venedigs, denn so konnten mehr Menschen untergebracht werden. Obwohl heute fast keine Juden mehr in der Gegend wohnen, gibt es noch ein paar jüdische Geschäfte, koschere Restaurants und Synagogen. Sehr interessant sind auch das Museo Ebraico (Jüdisches Museum) und eine Führung entlang der Synagogen.

Von der Fondamenta Nuove aus, einer langen Uferstraße an der Nordseite Venedigs, hat man einen spektakulären Blick auf den Norden der Lagune, auf die Friedhofsinsel San Michele und die Glasbläserinsel Murano. Hier legen auch die Boote zu den verschiedenen Inseln ab. Die Fondamenta Nuove befindet sich auf der "Schattenseite" der Stadt, und es herrscht fast immer eine frische Brise. Eine Erleichterung in den heißen Sommermonaten!

6 Insider-Tipps

Al Timon

Etwas trinken oder
zu Mittag essen.

Isola di San Michele

Die Friedhofsinsel
besuchen.

Algiubagiò

Stilvoll speisen in einem
guten Restaurant.

Museo Ebraico

An einer Synagogen-
führung teilnehmen.

Ca' d'Oro

Kunst und tolle
Mosaikböden bewundern.

Mori & Bozzi

Italienische Designer-
schuhe anprobieren.

Sehenswürdigkeiten
Shoppen

Essen & Trinken
  100% there

Sehenswürdigkeiten

① Das **Ca' d'Oro** (wörtlich: "goldenes Haus") ist mit seiner auffälligen gotischen Fassade bestimmt einer der schönsten Palazzi am Canal Grande. Dieser Palast aus dem 15. Jahrhundert beherbergt eine Kunstsammlung mit vielen religiösen Gemälden aus dem 15. und 16. Jahrhundert sowie einige Fragmente von Fresken Tizians. Die Aussicht von den Balkonen und der riesige Mosaikboden machen den Besuch noch lohnenswerter.
cannaregio 3932, calle di ca' d'oro, www.cadoro.org, telefon: 041 5200345, geöffnet: mo 8.15-14.00, di-so 8.15-19.15, eintritt: 6 €, boot: ca' d'oro

㉑ Im stillen Teil von Cannaregio steht die schöne kleine Kirche **Madonna dell'Orto**. Der berühmte Maler Tintoretto wohnte in der Nähe und war der Kirche eng verbunden. Sein Grab befindet sich hier, und auch ein paar seiner Bilder sind in der Kirche zu sehen. Bedauernswert: 1993 wurde in der Kirche ein Bild von Bellini gestohlen. Geblieben ist ein leerer Rahmen, darunter ein Foto des Originals zur Erinnerung.
cannaregio, campo madonna dell'orto, www.madonnadellorto.org, geöffnet: mo-sa 10.00-17.00, eintritt: 3 €, boot: madonna dell'orto

㉒ Die **Ponte dei Pugni** (Brücke der Fäuste) ist vielleicht nicht gerade eine Sehenswürdigkeit, aber doch eine Erwähnung wert, da es sich um die einzige erhaltene Brücke Venedigs ohne Geländer handelt. Früher sahen alle Brücken in der Stadt so aus.
cannaregio, rio di san felice, boot: ca' d'oro

㉓ Die mächtige Barockfassade von **I Gesuiti** ist nur ein kleiner Vorgeschmack dessen, was einen im Inneren erwartet. Diese riesige Jesuitenkirche ist reichlich mit fein bearbeitetem, weißem und grünem Marmor verziert. Kulturelle Höhepunkte sind ein Gemälde von Tintoretto, Assunzione della Vergine (Mariä Himmelfahrt), und eines von Tiziano Vecellio, Martirio di San Lorenzo (Martyrium des Heiligen Laurentius).
cannaregio, campo dei gesuiti, geöffnet: täglich 10.00-12.00 & 15.30-17.30, eintritt: frei, fondamenta nuove

㉗ **Santa Maria dei Miracoli** ist eine schön gelegene, weiße Kirche, die man sich ruhig einmal von allen Seiten anschauen sollte. Die Wände sind nämlich prächtig mit Marmor verziert, übrigens auch im Inneren. Die Kirche wurde extra für ein Gemälde von Nicolò di Pietro, Madonna con Bambino (Maria mit Kind), erbaut. Diesem Bild aus dem 15. Jahrhundert, das über dem Altar hängt, wurde so manches Wunder (*miracolo*) nachgesagt. Neben den christlichen Werken befinden sich in der Kirche auch viele Symbole heidnischen Ursprungs. Bekannt ist Santa Maria dei Miracoli auch für die vielen, häufig auch ausländischen Brautpaare, die sich hier ganz romantisch das Jawort geben.

cannaregio, campo dei miracoli, geöffnet: mo-sa 10.00-17.00, eintritt: 3 €, boot: fondamenta nuove

CA' D'ORO ①

Essen & Trinken

② Die **Osteria alla Vedova** ist stadtbekannt. Hier wird man in traditioneller Umgebung mit den leckersten Cicchetti verwöhnt, zum Beispiel mit *polpettine* (weiche Hackfleischbällchen), *sarde in saor* (sauer eingelegte Sardinen) und gegrilltem Gemüse. Es herrscht immer viel Betrieb, also besser reservieren.

cannaregio 3912, calle del pistor, telefon: 041 5285324, geöffnet: mo-mi & fr-sa 11.30-14.30 & 18.30-23.30, so 18.30-22.30, preis: 35 €, boot: ca' d'oro

③ Das weltbeste italienische Eis kommt von **Grom**. Inspiriert von der Slowfood-Bewegung sind alle natürlichen Zutaten sorgfältig ausgewählt und verarbeitet. Es gibt die klassischen Sorten wie Pistazie, Joghurt, Vanille, Stracciatella, Schokolade, Zitrone, Birne und Pfirsich, aber auch eine Reihe saisonaler Geschmacksrichtungen. Der Himmel auf Erden!

cannaregio 3844, strada nova, www.grom.it, telefon: 041 2602349, geöffnet: apr.-sept. so-do 11.00-24.00 & fr-sa 11.00-0.30, okt.-märz so-do 11.00-22.30 & fr-sa 11.00-23.30, preis: 2,50 € für zwei sorten (je 1 kugel), boot: ca' d'oro

④ Die frischen *bruschette* (geröstetes Brot mit Olivenöl und beispielsweise Tomaten) der **Osteria La Cantina** sind wirklich erstklassig. Ab und zu gibt es auch Austern, die ganz hervorragend mit einem Glas Prosecco schmecken. Drinnen ist es gemütlich-eng und man tafelt zwischen Weinflaschen. Von einer kleinen Terrasse aus geht der Blick auf die belebte Strada Nova.

cannaregio 3689, campo san felice (strada nova), telefon: 041 5228258, geöffnet: mo-sa 11.00-24.00, preis: bruschetta 1,50 €, boot: ca' d'oro

⑦ Eine andere empfehlenswerte Eis-Adresse im Viertel ist **Il Gelatone**. Das hausgemachte Eis ist ein Genuss. Für Experimentierfreudige gibt es so ausgefallen Sorten wie Joghurt mit Honig und Sesam, Baiser und Bitterschokolade.

cannaregio 2063, rio terà della madalena, telefon: 041 720631, geöffnet: täglich 9.30-23.30, preis: kugel 1,30 €, boot: san marcuola

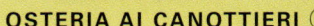

OSTERIA AI CANOTTIERI ⑯

⑨ Die **Pasticceria Nobile** öffnet am frühen Morgen - ideal für ein italienisches Frühstück. Oder für einen Cappuccino mit einer süßen Zwischenmahlzeit am Vormittag. Oder für eine der legendären Torten am Nachmittag ...

cannaregio 1818, rio terà san leonardo, telefon: 041 720731, geöffnet: täglich 6.45-20.30, preis: espresso 1 €, boot: san marcuola

⑩ **Frito-Inn** ist eine Art Imbissstube, wo man in altmodischen, spitz zulaufenden Papiertüten frittierte *calamari* (Tintenfischringe), Fische, Garnelen und Gemüse bekommt. Alle Köstlichkeiten werden frisch vor Ihren Augen zubereitet.

cannaregio 1587, campo san leonardo, geöffnet: di-so 10.30-15.00 & 17.30-22.00, preis: tüte 5 €, boot: san marcuola, guglie

⑪ Im **Caffè Costarica** werden die Bohnen direkt vor Ort geröstet. Kein Wunder, dass Freunde eines guten Kaffees gerne kommen, um ihren Espresso oder Cappuccino zwischen den aufgetürmten Kaffeesäcken zu trinken. Die beliebteste Spezialität ist der *caffè della sposa* (Brautkaffee), eine Melange aus acht verschiedenen Sorten feiner Arabica-Bohnen. Der Kaffee kann auch online bestellt werden und wird dann direkt nach Hause geliefert. *cannaregio 1337, rio terà san leonardo, www.torrefazionemarchi.it, telefon: 041 716371, geöffnet: täglich 7.00-19.30, preis: espresso 0,90 €, boot: san marcuola, guglie*

⑫ Neben dem kleinen Markt auf dem Rio Terà San Leonardo liegt die **Cicchetteria Venexiana da Luca e Fred**. Das einfache Familienrestaurant ist für seine leckeren Cicchetti bekannt. Wie wäre es mit frittierten Zucchiniblüten oder *disco volante* (frittierte Auberginenscheiben mit Käse und Schinken dazwischen)? Für wenig Geld gibt es auch ein Tagesmenü. Hier gehen viele Venezianer ein und aus: ein gutes Zeichen. *cannaregio 1518, rio terà san leonardo, telefon: 041 716170, geöffnet: mo & mi-so 11.30-19.30, preis: tagesmenü 13,50 €, boot: san marcuola, guglie*

⑮ Spottbillig und darum bei Arbeitern und Studenten beliebt ist die **Trattoria da Marisa**. Manchmal ist es hier so voll, dass noch ein Extratisch in die Küche gestellt wird. Das Essen ist einfach und gut, die Portionen sind ordentlich. *cannaregio 652b, fondamenta san giobbe, telefon: 041 720211, geöffnet: täglich 12.00-14.30 & 20.00-22.00 (abends reservierungspflicht), preis: 4 gänge 40 €, boot: crea, tre archi*

⑯ Die **Osteria ai Canottieri** liegt neben der Wirtschaftsfakultät, weshalb hier viele angehende Ökonomen zum Essen auftauchen. Die Gerichte sind günstig und werden an den langen Holztischen serviert. Auf der Terrasse, die am Ende des Canale di Cannaregio liegt, lässt sich prima die Aussicht genießen. *cannaregio 690, fondamenta san giobbe, www.osteriaaicanottieri.com, telefon: 041 717999, geöffnet: mo-fr 8.00-16.00, preis: mittagsmenü 15 €, boot: crea, tre archi*

(17) **Bea Vita** liegt im ruhigen Teil von Cannaregio. Tagsüber wird ein leckeres, günstiges Mittagsmenü angeboten, aber auch abends ist es hier urgemütlich. Auf der Karte stehen so kreative Gerichte wie *sarde in saor* (sauer eingelegte Sardinen mit Pinienkernen, Zwiebeln und Rosinen) mit Polenta. Die Weine sind ebenfalls sehr gut.
cannaregio 3082, fondamenta de le capuzine, telefon: 041 2759347, geöffnet: täglich 10.00-24.00, preis: mittagsmenü 13 €, boot: tre archi, sant' alvise

(19) Stärkung oder Erfrischung gefällig? Dann auf zur kleinen **Osteria Al Timon**. Man sitzt drinnen an alten Holztischen oder draußen am Wasser und erfreut sich an herzhaft gefüllten Pfannkuchen, Polenta mit Tintenfisch oder Risotto. Die manchmal etwas aufdringliche Musik reicht von Rolling Stones bis Jazz. Gut zu wissen, dass Al Timon bis nach Mitternacht geöffnet ist.
cannaregio 2754, fondamenta degli ormesini, telefon: 041 5246066, geöffnet: täglich 11.00-1.00, mi vormittag geschlossen, preis: cicchetti 1 €, boot: sant' alvise, guglie, san marcuola

(20) **Da Rioba** hat eine eigenwillige Küche, traditionell mit einem modernen Touch. Das Menü wechselt, zum Beispiel gibt es manchmal so unwiderstehliche Köstlichkeiten wie mit Auberginen und Seeteufel gefüllte Pasta in Orangen-Sahnesauce. Die Terrasse am Wasser ist klein, aber fein.
cannaregio 2553, fondamenta della misericordia, www.darioba.com, telefon: 041 5244379, geöffnet: di-so 12.30-14.30 & 19.30-22.30, preis: 40 €, boot: madonna dell'orto, san marcuola

(24) An der Fondamenta Nuove liegt das modern eingerichtete und dennoch gemütliche Restaurant **Algiubagiò**. Neben großen Salaten gibt es auch komplette Menüs. Nichts für Unentschlossene: Auf der Weinkarte stehen 350 verschiedene Weine. Man kann hier auch nur einfach etwas trinken und ein leckeres Tramezzino verdrücken. Von der Terrasse aus sind die Inseln San Michele und Murano zu sehen.
cannaregio 5039, fondamenta nuove, www.algiubagio.com, telefon: 041 5236084, geöffnet: mo & mi-so 7.00-23.30, preis: mittagsmenü 20 €, boot: fondamenta nuove

AL TIMON ⑲

㉛ Wer einen schnellen Snack und ein gutes Glas Wein schätzt, geht zu **Un Mondo Divino**. Über achtzig Weine stehen zur Auswahl, die glasweise bestellt werden können. Das Angebot an Cicchetti ist groß und individuell. Es gibt nur wenige Barhocker, gegessen und getrunken wird im Stehen.
cannaregio 5984a, salizada san chianciano, telefon: 041 5211093, geöffnet: täglich 9.30-15.00 & 17.30-21.30, preis: 12 €, boot: ca' d'oro, rialto

㉝ In der **Pasticceria Ballarin** herrscht den ganzen Tag über Betrieb. Morgens kommen viele Venezianer auf einen schnellen Kaffee und ein superfrisches Croissant vorbei, nachmittags gerne auf einen Spritz.
cannaregio 5794, salizada san giovanni grisostomo, telefon: 041 5285273, geöffnet: täglich 7.30-20.00, preis: espresso 1 €, boot: rialto

Shoppen

(6) **Malefatte di Rio Terà dei Pensieri** ist ein origineller Laden mit verschiedenen Artikeln, die von Gefängnisinsassen hergestellt wurden. Den Gefangenen soll damit eine Berufsausbildung ermöglicht werden. So lernen sie unter anderem, wie Lederartikel und -taschen, kosmetische Produkte und Accessoires aus recyceltem PVC produziert werden.
cannaregio 2433, calle zancana, www.rioteradeipensieri.org, telefon: 041 2960658, geöffnet: mo-sa 10.00-13.00 & 16.30-19.00, boot: san marcuola

(8) Schöne, bezahlbare Schuhe von italienischen und spanischen Designern gibt es bei **Mori & Bozzi**. Im Laden hängen auch ein paar schicke Kleidungsstücke. So kann man - passend zu den Schuhen - noch ein schönes T-Shirt oder ein exklusives Jackett ergattern.
cannaregio 2367, rio terà della madalena, telefon: 041 715261, geöffnet: mo-sa 9.30-19.30, so 11.00-19.00, juli-aug. geschlossen, boot: san marcuola

(14) **Casa Mattiazzi** verkauft Wein vom Fass. Wenn Sie ein bisschen Italienisch können, gibt der Eigentümer Alberto gerne ein paar Storys rund um seine Weine zum Besten. Einer der Proseccos aus seinem Sortiment ist nach eigener Aussage besser als Champagner.
cannaregio 1116, fondamenta cannaregio, telefon: 041 5245365, geöffnet: mo-sa 9.00-19.30, mi nachmittag geschlossen, boot: guglie

(26) **Antichità** ist ein kleiner Laden voller Krimskrams. Hier gibt es venezianische Perlen, Kronleuchter aus Glas, alte Spiegel und manchmal sogar eine Vase des berühmten Glasherstellers Venini.
cannaregio 5317, calle del fumo, telefon: 389 6795785 (Handy), geöffnet: täglich, wenn der inhaber lust hat, boot: fondamenta nuove

(28) Neue und gebrauchte Bücher gibt es bei **Miracoli**. Die Bücher liegen drinnen und draußen, wild durcheinander auf großen Tischen. Der Verkäufer lässt die Besucher in Ruhe stöbern. Wer kein Italienisch spricht, findet auch viele (englischsprachige) Bücher über Venedig.
cannaregio 6062, campo santa maria nova, telefon: 041 5234060, geöffnet: täglich 10.00-20.30, boot: fondamenta nuove, ca' d'oro, rialto

MALEFATTE DI RIO TERÀ DEI PENSIERI ⑥

⑧ **MORI & BOZZI**

(29) Bei **Olbi** findet jeder ein schönes Andenken für zu Hause. Wie wäre es mit einem Adressbuch, Lesezeichen und einer Schachtel aus venezianischem Papier? Oder doch lieber ein schickes Notizbuch mit Ledereinband? Allen Prachtstücken ist eines gemeinsam: Sie sind handgefertigt.

cannaregio 6061, campo santa maria nova, telefon: 041 5237655, geöffnet: di-sa 10.00-12.30 & 15.30-19.30, boot: fondamenta nuove, ca' d'oro, rialto

(30) **Dolceamaro** heißt der Delikatessenladen, und die Inhaberin Maria Cristina ist ein wahrer Gourmet. Sie wählt, prüft und probiert alle Produkte, bevor sie ins Sortiment aufgenommen werden. Dazu gehören Schokolade, Wein, Marmelade, Pesto, spezielles Salz und Likör.

cannaregio 6051, salizada san chianciano, telefon: 041 5238708, geöffnet: täglich 10.00-13.30 & 16.00-19.30, boot: ca' d'oro, rialto

(32) Morgens früh duftet die Gasse, in der das **Panificio Crosera** liegt, herrlich nach frisch gebackenem Brot, das es hier in großer Auswahl gibt. Und für den kleinen Hunger zwischendurch holt man sich ein Stück Pizza oder eine Oliven-Focaccia auf die Hand.

cannaregio 5935, salizada san chianciano, telefon: 041 5224273, geöffnet: mo-sa 7.30-13.30 & 16.00-19.30, boot: ca' d'oro, rialto

(34) Der Pastaladen **Giacomo Rizzo** existiert schon seit über hundert Jahren. Im Raum hinter dem Geschäft stellen vier Mitarbeiter an vier Pastamaschinen Nudeln her, die dann nur noch trocknen müssen. Die verschiedenen Sorten und Farben sind verführerisch, zum Beispiel locken Tagliatelle mit Zitrone, Basilikum und Artischocken.

cannaregio 5778, salizada san giovanni grisostomo, telefon: 041 5222824, geöffnet: mo-sa 8.30-13.00 & 15.30-19.30, mi nachmittag geschlossen, boot: rialto

(35) **Coin**, so heißt ein beliebtes italienisches Warenhaus, wo es (fast) alles zu kaufen gibt: Kosmetik, Inneneinrichtung, Haushaltswaren und (Marken-) Kleidung. Es macht Spaß, hier die letzten Mitbringsel zusammenzusuchen.

cannaregio 5787, salizada san giovanni grisostomo, www.coin.it, telefon: 041 5203581, geöffnet: mo-sa 9.30-19.30, so 11.00-19.30, boot: rialto

100% there

(5) Die **Speziera all'Ercole d'Oro** ist die älteste Apotheke/Drogerie Venedigs, mit schönen holzgeschnitzten Originalschränken. Die Einrichtung versetzt den Besucher zurück in die Vergangenheit, als hier vor drei Jahrhunderten Gewürze aus aller Welt verkauft wurden.
cannaregio 2233a, strada nova, telefon: 041 720600, geöffnet: mo-fr 9.00-12.30 & 15.00-19.30, sa 9.00-12.45, boot: ca' d'oro

(13) Wer sich bei **Brussa is Boat** ein Motorboot mietet, sollte wirklich fahren können, denn auf den Kanälen herrscht Hochbetrieb und die Regeln auf dem Wasser sind recht kompliziert. Ein Stündchen im Boot bietet aber auf jeden Fall einen schönen Perspektivwechsel auf die Stadt.
cannaregio 331, ponte delle guglie, www.brussaisboat.it, telefon: 041 715787, geöffnet: büro mo-fr 7.30-17.30, sa 7.30-12.30, preis: stunde 30 €, boot: ferrovia, guglie

(18) Das **Museo Ebraico** erzählt von der interessanten Vergangenheit der Juden dieser Stadt. 1516 hat die Republik beschlossen, dass Juden nur noch in einem eigens zugewiesenen Bereich der Stadt wohnen durften, dem Ghetto Novo. Vor allem die Führung zu den drei Synagogen in der Gegend vermittelt einen guten Eindruck davon, wie die jüdische Gemeinschaft in dem Ghetto lebte. Das Wort "Ghetto" ist übrigens venezianischen Ursprungs. Ghetto Nuovo bedeutet auf Venezianisch "neue Metallgießerei". Bevor die Juden hierher geschickt wurden, befand sich dort eine Gießerei. Später wurden alle jüdischen Viertel in Europa "Ghetto" genannt.
cannaregio 2902b, campo del ghetto nuovo, www.museoebraico.it, telefon: 041 715359, geöffnet: mo-fr & so juni-sept. 10.00-19.00, okt.-mai 10.00-17.30, an jüdischen feiertagen und fr nachmittag ab sonnenuntergang geschlossen, führungen mo-fr & so jede halbe stunde 10.30-16.30, eintritt: 3 €, mit führung 8,50 €, boot: guglie

ISOLA DI SAN MICHELE ㉕

㉕ Die **Isola di San Michele** ist ein einziger großer Friedhof, und zwar der bedeutendste Friedhof Venedigs. Hier sind auch ein paar Berühmtheiten begraben, zum Beispiel der Komponist Igor Strawinsky, der Choreograph Sergej Diaghilew, der Schriftsteller Joseph Brodsky und der Dichter Ezra Pound. Die berühmten Gräber werden regelmäßig von Verehrern besucht, die Briefe und persönliche Gegenstände hinterlassen. San Michele ist nur mit dem Boot von Fondamenta Nuove aus erreichbar. Die Überfahrt dauert sieben Minuten, es fahren stündlich zwei Boote.

isola di san michele, geöffnet: täglich apr.-sept. 7.30-18.00, okt.-märz 7.30-16.00, boot: cimitero

Cannaregio

Startpunkt ist die Anlegestelle Ca' d'Oro, mit dem gleichnamigen Palazzo (1). Gegenüber der Strada Nova liegt ein schönes Lokal zum Mittag- oder Abendessen (2). Gleich links in der Strada Nova gibt es köstliches Eis (3) oder am Campo San Felice ein Glas Wein (4). Weiter die Straße entlang ist linkerhand eine alte Apotheke (5). Biegen Sie am Campo Santa Fosca rechts in die Calle Zancana ein, dort gibt es einen originellen Laden (6). Zurück auf der Hauptstraße geht es weiter die Rio Terà della Madalena (7) (8) entlang. In der Rio Terà San finden sich diverse Bars, um etwas zu trinken oder zu essen (9) (10) (11) (12). Über die Brücke links liegt ein Bootsverleih (13). Oder biegen Sie vor der Brücke rechts ab in die Fondamenta Cannaregio (14). Zwei nicht zu teure Restaurants liegen ein Stückchen weiter auf der anderen Seite des Kanals (15) (16). Weiter geht es rechts über die Sotoportego de le Cooperative (am Schild "Posta"). Am Wasser nehmen Sie die zweite Brücke und folgen dem Uferweg (17). Zum Museo Ebraico (18) führt die gusseiserne Brücke. Weiter am Ufer gibt es Restaurants mit schönen Terrassen (19) (20). Links geht's weiter über die C. Larga und die C. dei Mori zur Kirche Madonna dell'Orto (21). Am Ende der Fondamenta G. Contarini ist die Aussicht über die Lagune herrlich. Über die Corte Vecia und die Fondamenta de l'Abazia geht es zur Fondamenta de la Misericordia. Jetzt links abbiegen und zwei Brücken überqueren, vorbei an der Brücke ohne Geländer (22). Dann geht es links in die C. della Racchetta und über die Fondamenta Santa Caterina und den Campo dei Gesuiti (23) zur Fondamenta Nuove und zum Restaurant Algiubagiò (24). Hier fährt das Boot zur Insel San Michele (25). Sie biegen rechts in die C. dei Buranelli ein und stöbern in der C. del Fumo in altem Trödel (26). Am Ende der Straße biegen Sie links in die Calle Varisco ein. Über den Campiello Stella und den Campiello Widmann geht es in die Rio Terrà dei Birri und dann nach rechts. Jetzt die zwei Brücken überqueren und die Kirche Santa Maria dei Miracoli (27) ansehen. Der Spaziergang wird über den Campo Santa Maria Nova (28) (29) fortgesetzt. Schräg über den Platz geht es nun links in die Salizada San Chianciano (30) (31) (32) und die Salizada San Giovanni Grisostomo (33) (34) (35).

SPAZIERGANG 4

SPAZIERGANG 1

SPAZIERGANG 2

SPAZIERGANG 3

= Sehenswürdigkeiten
= Essen & Trinken
= Shoppen
= 100% there

0   150 m

start

finish

Castello & Giardini

Das Venedig der Venezianer

Castello ist der größte Stadtteil Venedigs und heißt deshalb so, weil hier früher ein Schloss stand. Das Viertel zieht sich von der östlich gelegenen Piazza San Marco aus am Stadtpark, den Giardini, entlang. Je näher der Markusplatz rückt, umso voller und hektischer wird es. Besonders die Riva degli Schiavoni, die Uferpromenade am Canale di San Marco, lockt mit ihren teuren Hotels und Souvenirständen die Menschenmassen an. In der Hauptsaison trampeln sich die Leute buchstäblich auf den Füßen herum. Aber wie anderswo auch, legt sich der Trubel mit etwas Abstand, zum Beispiel um die Kirche Santi Giovanni e Paolo. Auf dem davorliegenden Platz treffen sich die Venezianer zum Plaudern und Kaffeetrinken. In diesem Stadtteil liegt auch das Krankenhaus Venedigs, das mit seinem beeindruckenden Portal, den alten Gängen und Innenhöfen kaum an ein Krankenhaus erinnert.

Castello wird in weiten Teilen vom Arsenale beherrscht. In dieser Werft wurden früher, als Venedig noch Seemacht war, die Schiffe gebaut.

5

Heute kann man nur während der Biennale das Gelände betreten. Die großen Kunst- und Architekturausstellungen sind zwar über die ganze Stadt verteilt, aber im Arsenale und in den dreißig Länderpavillons der Giardini schlägt das Herz der Veranstaltung.

Das andere Gesicht des Viertels zeigt sich vor allem in der Via Garibaldi und um die Giardini Pubblici herum, den Park von Venedig. Hier gibt es kaum Sehenswürdigkeiten, dafür erhält man Einblick in das ganz normale venezianische Alltagsleben. Nachbarn treffen sich zum Plaudern, Kinder toben auf dem Spielplatz herum und Jugendlichen bolzen im Park. Hier ist alles bodenständig: die kleinen Läden, das Gemüseboot am Ende der Via Garibaldi und die Gassen, in denen die Wäsche an der Leine hängt.

Wo ist es denn mal richtig still? Auf zur Insel San Pietro! Deren Kirche war bis 1807 die Stadtkathedrale. Hier könnte man fast glauben, man sei der einzige Ausländer in Venedig.

6 Insider-Tipps

Alla Mascareta

Ein großartiges Essen oder ein Glas Wein bestellen.

Rosa Salva

Einen guten Kaffee auf der Terrasse trinken.

Santi Giovanni e Paolo

Die Kunst in der Kirche bewundern.

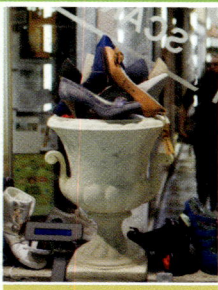

Metropoli Scarpe

Markenschuhe im Outlet erstehen.

Muranero

Ausgefallenen Glasschmuck kaufen.

Palazzo Querini Stampalia

Kunst oder Musik im Museum genießen.

 Sehenswürdigkeiten

 Essen & Trinken

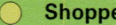 **Shoppen**

 100% there

Sehenswürdigkeiten

(1) Die berühmte **Ponte dei Sospiri** (Seufzerbrücke) verbindet den Dogenpalast mit den alten Gefängnissen. Es heißt, die Brücke verdanke ihren Namen dem letzten Seufzer, den die Gefangenen auf ihrem Weg in den Knast in der freien Welt ausstießen. Über den Palast kann man die überdachte Brücke (siehe Spaziergang 1) erreichen oder von der Ponte della Paglia einen Blick darauf werfen.
castello, boot: san zaccaria

(3) Wie still es hier sein kann, nur eine Straße von der Riva degli Schiavoni entfernt! Der kleine Platz an der Kirche **San Zaccaria** ist traumhaft und im Kircheninneren hängen riesige Gemälde alter Meister. Höhepunkt ist zweifelsohne die friedvolle Madonna mit Kind aus dem Jahr 1505 von Giovanni Bellini. Typisch italienisch: Das Gemälde wird beleuchtet, sobald eine passende Münze ins Kästchen fällt.
castello, campo san zaccaria, geöffnet: mo-sa 10.00-12.00 & 16.00-18.00, so 16.00-18.00, eintritt: frei, boot: san zaccaria

(14) Die gotische Kirche **Santi Giovanni e Paolo** heißt im Volksmund San Zanipolo. Sie gehört zu den größten Kirchen der Stadt und wurde im 13. und 14. Jahrhundert von Dominikanern erbaut. Man nennt sie auch das "Pantheon von Venedig", denn dort liegen 25 Dogen begraben. Außer Gräbern gibt es noch Kunst von Veronese, Tiepolo und Bellini zu entdecken.
castello, campo santi giovanni e paolo, geöffnet: mo-sa 9.30-18.30, so 12.00-18.00, eintritt 2,50 €, boot: ospedale, fondamenta nuove

(19) Die **Scuola di San Giorgio degli Schiavoni** beherbergt ein kleines Museum mit beeindruckenden Gemälden von Vittore Carpaccio. Schiavoni bedeutet "Slawen": Die *scuola* war eine Bruderschaft slawischer Händler, die sich im 15. Jahrhundert in Venedig niederließen.
castello 3259a, calle dei furlani, telefon: 041 5228828, geöffnet: mo 14.45-18.00, di-sa 9.15-13.00 & 14.45-18.00, so 9.15-13.00, eintritt 4 €, boot: san zaccaria

(26) Jahrhundertelang war das **Arsenale** das Zentrum der majestätischen Seemacht Venedig. Hier wurden Kriegs- und Handelsschiffe gebaut, hier lag auch der *bucintoro*, das Zeremonienschiff des Dogen. Heute ist es kaum mehr vorstellbar, was für ein Betrieb vor dem Eingang geherrscht haben muss: Im 16. Jahrhundert waren hier über 16.000 Arbeiter beschäftigt. Heute ist das Gelände leider für das Publikum geschlossen. Nur während der Biennale sind einige der Gebäude als Ausstellungsräume eingerichtet und der Blick ins Innere wird gewährt.

castello, arsenale, boot: arsenale

(34) Nicht viele wissen, dass die Kirche **San Pietro di Castello** ursprünglich die Kathedrale von Venedig war, bis sie 1807 von der Basilica di San Marco abgelöst wurde. Die Insel San Pietro, auf der die Kirche steht, war daher auch als eine der ersten Inseln bewohnt. Die Kirche stammt wahrscheinlich aus dem 7. Jahrhundert und hat im Laufe der Jahrhunderte zahlreiche Umbaumaßnahmen erdulden müssen. Der frei stehende weiße Campanile (Turm) wurde zwischen 1482 und 1488 errichtet.

castello, campo san pietro, geöffnet: mo-sa 10.00-17.00, eintritt: 3 €, boot: san pietro

Essen & Trinken

② **All'Aciugheta** liegt in einer der Touristenstraßen von Castello. Ob Frühstück, Mittagessen, Snack, Abendmenü oder Pizza - hier gibt es zu jeder Tageszeit eine Top-Verpflegung. Die Speisen und Weine sind gut, die Auswahl ist groß. Und für jeden Geschmack gibt es ein Plätzchen: draußen eine große Terrasse, drinnen einen modernen, schlichten Restaurantbereich mit Loungemusik und einen alten, traditionellen Bereich ohne Musik.
castello 4357, campo santi filippo e giacomo, telefon: 041 5224292, geöffnet: täglich 8.00-24.00, preis: 35 €, pizza 10 €, boot: san zaccaria

⑨ **Al Mascaron** ist eine klassische Osteria mit netter Atmosphäre und guter Küche. Hier wird venezianisch gegessen, und so stehen auch überwiegend Fischgerichte auf der Karte. Zum Beispiel *spaghetti al nero di seppia* (mit Tintenfisch gefärbte Spaghetti) und *pesce fritto misto* (frittierter Fisch).
castello 5225, calle lunga santa maria formosa, telefon: 041 5225995, geöffnet: mo-sa 12.00-15.00 & 19.00-23.00, preis: 40 €, boot: san zaccaria, rialto

⑩ Mit dem **Alla Mascareta** hat sich Mauro Lorenzon, echter Wein- und Champagnerkenner sowie Fan von Slowfood und Bioprodukten, den Traum vom eigenen Lokal erfüllt. Zu den hervorragenden Weinen an der Bar bestellt man am besten einen Teller mit verschiedenen Käse- und Fleischsorten. Oder doch lieber ein komplettes Menü im Restaurant probieren? Mauro und sein Personal stehen gerne freundlich-beratend zur Seite.
castello 5183, calle lunga santa maria formosa, telefon: 041 5230744, geöffnet: mo-di & fr-so 19.00-2.00, preis: 40 €, teller cicchetti 18 €, boot: san zaccaria, rialto

⑬ Die Bar-Pasticceria **Rosa Salva** an der Kirche Santi Giovanni e Paolo ist bekannt für guten Kaffee und köstliche Backwaren. Drinnen steht man an der Theke im kleinen Barbereich, draußen auf dem Platz sitzt man gemütlich mit Blick auf die Kirche. Unbedingt probieren: das hausgemachte Eis.
castello 6779, campo santi giovanni e paolo, telefon: 041 5227949, geöffnet: täglich 7.30-20.30, preis: espresso 1 €, boot: ospedale

⑬ ROSA SALVA

(16) Manchmal sind die Venezianer im **Al Ponte** etwas laut, aber das ist ja gerade das Schöne an Italien. Die kleine Bar empfiehlt sich vor allem dann, wenn man Appetit auf ein Brötchen, Crostini oder Cicchetti hat. Bauarbeiter und Handwerker, aber auch Herren im Anzug trinken hier ihren Wein oder essen mittags eine Kleinigkeit.

cannaregio 6378, ponte del cavallo, www.ostariaalponte.com, telefon: 041 5286157, geöffnet: mo-sa 8.00-22.00, preis: cicchetti 2 €, boot: fondamenta nuove, ospedale

(17) **Alle Bandierette** ist ein einfaches Familienrestaurant, das vor allem sonntags gerne von Opa & Oma, Papa & Mama inklusive zahlreicher Bambini besucht wird. Die grelle Beleuchtung und die Papiertischdecken sind vielleicht nicht besonders romantisch, aber das Essen ist gut und bezahlbar. Auf der Karte stehen hauptsächlich Fischgerichte.

castello 6671, barbaria delle tole, telefon: 041 5220619, geöffnet: mo 12.00-14.00, mi-so 12.00-14.00 & 19.00-22.00, preis: 30 €, boot: ospedale

(23) Das Slowfood-Restaurant **Al Covo** von Diane und Cesare ist ein Geheimtipp, wenn es um die Qualität der Speisen geht. Der frische Fisch kommt aus der Lagune und der Adria, Gemüse und Obst von der Insel Sant'Erasmo und die frische Pasta, die Desserts und die in Essig und Öl eingelegten Produkte sind alle hausgemacht. Auf der Weinkarte stehen hauptsächlich Bioweine. Ein regionales Festmahl für Feinschmecker.

castello 3968, calle della pescaria, www.ristorantealcovo.com, telefon 041 5223812, geöffnet mo.-di. & fr.-so. 12.45-14.00 & 19.30-22.00, preis: € 53, boot: ospedale

(24) Die **Trattoria Corte Sconta**, eines der besseren, aber auch teureren Restaurants der Stadt, liegt in einer Gasse in der Nähe des Arsenale. Es wird hauptsächlich Fisch serviert, häufig mit origineller Note, wie Venusmuscheln mit frischem Ingwer. Im Sommer sitzt man ganz romantisch im schönen Innenhof unter einem grünen Dach aus Weinreben.

castello 3886, calle del pestrin, telefon: 041 5227024, geöffnet: di-sa 11.00-16.00 & 19.00-0.00, preis: 50 €, boot: arsenale

(27) Il Pinguino ist - wie könnte es anders sein - der Name einer empfehlenswerten Eisdiele in fantastischer Lage. Fern aller Hektik sitzt man hier am Ufer, mit einem riesigen Eis in der Hand und genießt die Aussicht auf die Lagune. So lässt es sich aushalten! Nicht verpassen: Die Spezialität "Mamma Mia" sollte man unbedingt einmal probiert haben.

castello 2141, riva san biagio, telefon: 041 2411395, geöffnet: täglich 11.00-23.00, preis: kugel 1,30 €, boot: arsenale

(28) Bei **Al Garanghèlo** wird mit viel Liebe und hervorragenden Zutaten wie frischem Fisch vom Rialtomarkt venezianisch gekocht. Spezialitäten sind *sarde in saor* (saure Sardinen), Lasagne mit Jakobsmuscheln und Tiramisù. Al Garanghèlo ist zwar eigentlich ein Restaurant, aber man kann auch nur ein Glas Wein mit Cicchetti bestellen.

castello 1621, via garibaldi, www.garanghelo.com, telefon: 041 5204967, geöffnet: mo & mi-sa 11.45-16.00 & 18.00-23.00, preis: 35 €, boot: arsenale, giardini

(30) Das **Ristorante Giorgione** ist wegen seiner authentischen Küche bei den Venezianern äußerst beliebt. Hier bestellen italienische Familien einen Gang nach dem anderen und es werden die leckersten Fischgerichte aufgetischt. Abends schmettert der Besitzer Lucio Bisutto italienische und venezianische Lieder aus den Fünfzigern und Sechzigern. Auf der Terrasse an der Via Garibaldi herrscht pures Italien-Feeling.

castello 1533, via garibaldi, www.ristorantegiorgione.it, telefon: 041 5228727, geöffnet: täglich 12.00-16.00 & 18.00-24.00, preis: 40 €, boot: arsenale, giardini

(33) Von der Terrasse des **In Paradiso** aus ist der Blick über die Lagune umwerfend. Drinnen ist nicht nur das Essen, sondern auch die ausgestellte Kunst ein Genuss. Auch während der Biennale ist die Bar mit Galerie die passende Adresse für Kunstfreunde, denn das In Paradiso liegt mitten in den Giardini.

castello 1260, giardini della biennale, www.inparadiso.net, telefon: 041 2413972, geöffnet: täglich 10.00-18.00, zur biennale 9.00-23.00, boot: giardini

Shoppen

(4) **MEE** ist ein neuer Shop mit raffinierten, schönen und stilvollen Designartikeln, von denen viele aus Glas und Porzellan gefertigt sind. Manches ist vielleicht Geschmackssache, aber originell und außergewöhnlich sind die Gläser, Schränke und Geschenkartikel allemal.

castello 4683d, campo san zaccaria, www.meevenezia.com, telefon: 041 5235565, geöffnet: täglich 9.00-20.00, boot: san zaccaria

(5) Liebhaber alter Fundstücke sollten sich **Anticlea** nicht entgehen lassen. Neben alten und neuen Muranoglasperlen werden auch Ohrringe, Ketten, Taschen, alte Drucke, Gläser und Vasen verkauft.

castello 4719a, calle san provolo, telefon: 041 5286946, geöffnet: mo-sa 10.00-19.00, boot: san zaccaria

(6) Schuhfreaks können ihr Glück bei **Metropoli Scarpe** kaum fassen, denn in diesem Outlet gibt es bekannte Marken für wenig Geld. Meistens sind es Modelle der letzten Saison, aber die sind ja nicht weniger schön. Pumps, Sneakers, Sandalen - hier kann man ohne Reue zugreifen.

castello 4946, ruga giuffa, telefon: 041 5235588, geöffnet: täglich 9.30-19.30, boot: san zaccaria

(7) **Misterio a Venezia** verkauft Schmuck, Lampen, Schals, Buddhas und Kleinmöbel aus Fernost. Die Gegenstände haben alle eine Bedeutung: Sie schenken Glück, Aufmunterung oder Inspiration. Der Inhaber erzählt Ihnen gerne mehr über die Philosophie seiner schönen Dinge.

castello 4925, ruga giuffa, telefon: 041 2411405, geöffnet: täglich 9.30-12.30 & 15.30-19.30, boot: san zaccaria

(11) Bei **Acqua Alta** stapeln sich hauptsächlich aussortierte und gebrauchte Bücher, aber auch Drucke und Karten von Venedig. Inmitten des großen, chaotischen Ladens steht eine Gondel voll mit Büchern, an anderer Stelle dienen Badewannen als Aufbewahrungsort für die vielen Schmöker. Hier kann man in aller Ruhe durch die Fundstücke blättern.

castello 5176b, calle lunga santa maria formosa, telefon: 041 2960841, geöffnet: täglich 9.00-20.00, boot: san zaccaria, rialto

METROPOLI SCARPE ⑥

⑫ Bei **Papier Maché** wird gezeigt, wie Masken hergestellt werden. Irgendwer in diesem Laden bastelt nämlich immer an etwas herum. Masken aus Pappmaché werden in vielen verschiedenen Modellen angeboten.
castello 5175, calle lunga santa maria formosa, www.papiermache.it, telefon: 041 5229995, geöffnet: täglich 9.00-19.30, boot: san zaccaria, rialto

⑱ Die frische Pasta von **Serenissima** ist bei den Venezianern sehr gefragt. Vor allem die gefüllten Sorten wie Ravioli mit Artischocke und Tortellini mit Kürbis sind wahre Delikatessen. Ein schönes und wohlschmeckendes Mitbringsel für zu Hause ist die getrocknete Pasta.
castello 3455, salizada dei greci, telefon: 041 5227434, geöffnet: mo-di & do-fr 8.00-13.00 & 17.00-19.30, mi 8.00-13.00, sa 8.00-13.00 & 16.00-19.00, boot: san zaccaria, arsenale

④ **MEE**

⑳ Im **Banco Lotto N° 10** sind exklusive Kleider, Jacken und Accessoires erhältlich, die von Gefängnisinsassen hergestellt wurden. Auf Wunsch werden auch historische Kostüme oder Karnevalskostüme nach Maß gefertigt. Der außergewöhnliche Name des Ladens hat nichts mit Banküberfällen zu tun, sondern mit Lotterielosen, die man früher hier verkaufte.

castello 3478a, salizada sant'antonin, www.bancolotto10.com, telefon: 041 5221439, geöffnet: mo 15.30-19.30, di-sa 10.00-13.00 & 15.30-19.30, boot: arsenale

㉑ Der Name von **Muranero** ist eine Kombination aus Murano (die Glasinsel) und *nero* (italienisch für Schwarz). Der Senegalese Modulare Jiang wohnt in Italien und hat in Murano das Glasbläserhandwerk gelernt. Seine Leidenschaft ist es, afrikanische und westliche Kunst zu vereinen. In diesem Laden mit angeschlossener Werkstatt zaubert er unter den Augen der Besucher ausgefallene Schmuckstücke.
castello 3545, salizada del pignater, www.muranero.blogspot.com, telefon: 338 4503099 (handy), geöffnet: täglich 9.00-13.00 & 15.00-20.00, boot: arsenale

㉒ **Vino e ... Vini** hat neben sehr viel Wein auch eine edle Auswahl an Grappa und Champagner im Angebot sowie verschiedene Sorten Balsamico und Schokolade. Ein Tipp für Genießer!
castello 3566, salizada del pignater, telefon: 041 5210184, geöffnet: mo-sa 9.30-13.00 & 17.30-20.00, boot: arsenale

㉕ **Le Ceramiche** ist ein Werkstattladen, in dem Alessandro Merlin moderne (Espresso-) Tassen, Untertassen, Fliesen und Schalen mit originellem Design fertigt. Farblich herrschen Schwarz und Weiß vor, als Motive wurden oft Menschen oder Lagunenansichten künstlerisch interpretiert.
castello 3876, calle del pestrin, telefon: 041 5225895, geöffnet: mo-di & fr-so 10.00-12.00 & 15.00-19.00, boot: arsenale

㉙ Im Tante-Emma-Laden **Bianchi** türmen sich in der Kühlvitrine die leckersten Käse: pure Versuchung. Neben italienischen Sorten wie Taleggio und Parmesan gibt es auch Käse aus anderen Ländern in Top-Qualität.
castello 1561, via garibaldi, telefon: 041 5221156, geöffnet: mo-sa 7.30-13.00 & 16.30-19.30, boot: giardini, arsenale

㉛ **Le Spighe** verkauft Bioprodukte wie Pasta, Brot und Delikatessen. Die getrocknete Pasta ist in verschiedenen Naturfarben erhältlich, alles ist handgemacht. Die Farbe stammt beispielsweise von Karotten oder Spinat. An den wenigen Tischen kann man auch einen gesunden Snack vor Ort kosten.
castello 1341, via garibaldi, telefon: 041 5238173, geöffnet: mo-sa 9.30-13.30 & 17.30-19.30, boot: arsenale, giardini

100% there

(8) Der **Palazzo Querini Stampalia** aus dem 16. Jahrhundert beherbergt ein Museum sowie eine alte Bibliothek. Die letzten Nachkommen der Familie Querini vererbten den Palazzo in der zweiten Hälfte des 19. Jahrhunderts einer Stiftung - mit der Auflage, die Bibliothek solle bis Mitternacht geöffnet bleiben. Inzwischen schließen die Pforten schon um 23.00 Uhr und Freunde später Lektüre müssen sich ein anderes Plätzchen suchen. Im Museum hängt ein sehenswerter Bellini und regelmäßig finden Ausstellungen mit moderner Kunst statt. Samstags um 17.00 Uhr erklingt im Rahmen eines kleinen Konzerts klassische Musik in den alten Gemäuern.

castello 4778, campo santa maria formosa, www.querinistampalia.it, telefon: 041 2711411, geöffnet: bibliothek di-sa 10.00-23.00, so 10.00-19.00, museum di-so 10.00-19.00, eintritt: bibliothek gratis, museum 10 €, boot: san zaccaria, rialto

(15) Der reich verzierte Haupteingang des Krankenhauses **Ospedale Civile** war früher der Eingang zu einer der bedeutendsten religiösen Bruderschaften der Stadt: die Scuola Grande di San Marco. Die alte, verstaubte Bibliothek mit beeindruckenden Holzdecken kann heutzutage besichtigt werden. Alternative: Man schlendert einfach durch die Flure zum Innenhof, um einen Eindruck von diesem für unsere Vorstellungen ungewöhnlichen Krankenhaus zu bekommen. Sogar eine Krankenhausbar gibt es hier.

castello 6777, campo santi giovanni e paolo, biblioteca medica san marco, geöffnet: mo-fr 8.30-14.00, eintritt: bibliothek gratis, boot: ospedale

(32) Napoleon ließ zu Beginn des 19. Jahrhunderts die **Giardini Pubblici** anlegen, den Stadtpark von Venedig. Die Einwohner nutzen ihn gerne, wie an den kahlen Stellen im Gras zu erkennen ist. Unter den schattenspendenden Bäumen ist es angenehm kühl. Hier stehen auch die festen Länderpavillons der Biennale.

castello, giardini pubblici, geöffnet: sommer 6.30-22.30, ansonsten 6.30-20.00, eintritt: frei, boot: giardini

Castello & Giardini

An der Anlegestelle San Zaccaria geht's los. Links ist von der Ponte della Paglia aus die Seufzerbrücke zu sehen ①. Dann geht es über die Calle delle Rasse ins Viertel Castello. Auf dem Campo Santi Filippo e Giacomo lädt das All'Aciugheta ② zum Frühstücken, Mittag- oder Abendessen ein. Biegen Sie in die Salizada San Provolo ein. Rechts am Ende liegen an einem kleinen Platz die Kirche San Zaccaria ③ und ein Designgeschäft ④. Über den Campo San Provolo ⑤ und die C. Corte Rotta geht es zur Ruga Giuffa. Dort gibt es hübsche Läden ⑥ ⑦. Am Ende der Straße finden Sie den Campo Santa Maria Formosa ⑧. Von hier geht es rechts in die Calle Lunga Santa Maria Formosa, mit schönen Adressen zum Shoppen und Essen ⑨ ⑩ ⑪ ⑫. Fast am Ende führt die Gasse C. Pinelli (gegenüber von Alla Mascareta) zum Campo Santi Giovanni e Paolo, wo es guten Kaffee ⑬, eine Kirche ⑭, das sehenswerte Krankenhaus ⑮ oder Wein mit Cicchetti ⑯ gibt. Vom Platz aus geht es in die Barbaria delle Tole ⑰ und bei Nummer 6468 rechts in die C. Muazzo. Gehen Sie durch die Fondamenta San Lorenzo und überqueren Sie die dritte Brücke (Ponte dei Greci). Über die C. de la Madona und die Salizada dei Greci ⑱ geht es zur Fondamenta dei Furlani. Links am Ende steht die Scuola di San Giorgio degli Schiavoni ⑲. Sie gehen zurück in die Salizada Sant'Antonin ⑳. Am Ende links liegen in der Salizada del Pignater sehenswerte Shops ㉑ ㉒. Rechts herum gelangt man zum Campo Bandiera e Moro. In der vom Platz aus gesehen ersten Straße links liegt das Al Covo ㉓. Ein anderes gutes Restaurant ㉔ ist links in der Calle del Pestrin. Ein Stück weiter befindet sich ein schöner Laden ㉕. Am Wasser entlang über die Fondamenta di Fronte geht es zum Arsenale ㉖. Dort über die große Holzbrücke und am Ufer entlang zur Riva San Biagio. Dann heißt es links abbiegen, ein leckeres Eis essen ㉗ und die Aussicht genießen. Hinter der Brücke gleich links in die Via Garibaldi einbiegen ㉘ ㉙ ㉚ ㉛ und fast am Ende rechts den schönen, ruhigen Park ㉜ ㉝ besuchen. Weiter auf der Via Garibaldi über die Via Fondamenta Sant'Anna und die lange Brücke zur Insel San Pietro ㉞. Von dort fährt ein Boot Richtung Fondamenta Nuove und Bahnhof (Linie 51) oder zum Lido (Linie 52).

Die Inseln Burano, Torcello & Murano

Berühmtes Glas und filigrane Spitzen

Die hier folgende Bootstour und die Spaziergänge zeigen auf sehr eindrucksvolle Weise, dass Venedig tatsächlich in einer Lagune liegt. Im Sommer macht es unglaublich viel Spaß, mit dem Boot von Insel zu Insel zu fahren und diese drei völlig verschiedenen Eilande zu entdecken.

Burano ist eine Perle in der Lagune, die kleinen Häuser leuchten in allen Farben des Regenbogens. Jahrhundertelang war die Spitzenstickerei eine wichtige Einkommensquelle auf Burano. Besonders im Europa des 16. Jahrhunderts erfreute sich die hochwertige Spitze bei den feinen Damen großer Beliebtheit. Heute werden die Spitzenprodukte in den Geschäften auf Burano längst nicht mehr alle von Hand gefertigt. In einigen teureren Läden jedoch findet man noch immer alte Frauen, die Spitze klöppeln.

Auf Torcello angelangt, kann man sich fast nicht mehr vorstellen, dass dies einmal eine reiche Insel mit Tausenden von Einwohnern war. Schon früh,

nämlich im 10. Jahrhundert, nahm die Bevölkerung allmählich ab. Die aufstrebende Stadt Venedig zog die Inselbewohner an und der Ausbruch mehrerer Malaria-Epidemien tat sein Übriges. Zurückgeblieben sind die berühmte Basilika, die Kirche Santa Fosca und eine Handvoll Einwohner.

Murano ist die berühmte Glasbläserinsel. Wegen der Brandgefahr wurden die Öfen und Glasbläser 1291 von Venedig nach Murano umgesiedelt. Das Muranoglas wurde so berühmt, dass die Bläser die Insel nicht verlassen durften, da man fürchtete, sie würden das Geheimnis der Herstellung verraten. Wer trotzdem ging, durfte nie mehr wiederkommen. Heute ist das Glas meist nicht mehr so exklusiv. In den billigeren Touristenläden verdeutlicht ein Aufkleber, ob der Artikel auf Murano hergestellt wurde oder im Ausland. Die Glasbläserei liegt den Einwohnern aber noch immer im Blut, und das Fachwissen wird über Generationen in einer Familie weitergegeben. Große Namen wie Venini, Barovier & Toso, Seguso, Salviati und Carlo Moretti haben ihre Werkstätten und Ausstellungsräume auf der Insel.

6 Insider-Tipps

Basilica di Santa Maria Assunta

Die jahrhundertealten Mosaiken in der Basilika bewundern.

Manin 56

Ein hübsches Glassouvenir aussuchen.

Gino Mazzuccato

Glasbläsern bei der Arbeit zusehen.

Davide Penso

Ein ausgefallenes Schmuckstück beim Designer kaufen.

Casa Bepi Suà

Das kunterbunte Haus bestaunen.

Riva Rosa

Ein herrliches Mittagessen im Familienrestaurant genießen.

● Sehenswürdigkeiten

● Shoppen

● Essen & Trinken

● 100% there

Sehenswürdigkeiten

⑧ In dem Gebäude, das früher die Klöppelschule beherbergte, befindet sich heute das Spitzenmuseum von Burano, das **Museo del Merletto**. Wie kommt eigentlich so ein fragiles Kunstwerk zustande? Im Museum wird gezeigt, wie das Klöppeln geht. Vielleicht ein neues Hobby für den Winter?
burano, piazza galuppi 187, www.museicivicivenezani.it, telefon: 041 730034, geöffnet: mo & mi-so, ende märz-okt. 10.00-16.30, nov.-anfang märz 10.00-15.30, eintritt: 4 €, boot: burano

⑨ **San Martino** ist die ziemlich nüchtern wirkende Kirche von Burano aus dem 16. Jahrhundert. Doch der schiefe Turm hat durchaus Charakter, und im Inneren hängt tatsächlich ein Prachtstück: die Crocifissione (Kreuzigung) von Tiepolo. Man kennt es schon: einen Euro ins Kästchen und das Licht geht an.
burano, piazza galuppi, geöffnet: mo-sa 8.00-12.00 & 15.00-19.00, eintritt: frei, boot: burano

⑪ Die **Basilica di Santa Maria Assunta** auf Torcello ist eine der ältesten Kathedralen der Lagune und stammt aus dem 7. Jahrhundert. Seitdem wurden zahlreiche Änderungen vorgenommen, doch die heutige Form ist in der Tat noch ein Werk aus dem Jahr 1008. Im Inneren gibt es fantastische byzantinische Mosaiken zu bestaunen, Höhepunkt ist die Madonna con Bambino (Madonna mit Kind).
torcello, piazza di torcello, telefon: 041 2702464, geöffnet: täglich, märz-okt. 10.30-18.00, nov.-febr. 10.00-17.00, eintritt: 4 €, boot: torcello

⑫ **Attilas Thron** auf der Piazza di Torcello ist ein Thron aus Marmor. Er erinnert an das 4. und 5. Jahrhundert, als das venezianische Gebiet von den Hunnen bedroht wurde, eines jener barbarischen Völker, die über die Serenissima (die venezianische Republik) herfielen. Wahrscheinlich hat Attila, der Hunnenkönig, niemals selbst auf diesem Thron gesessen. Vielmehr haben ihn Richter bei öffentlichen Verhandlungen benutzt.
torcello, piazza di torcello, boot: torcello

(14) Über die **Ponte del Diavolo**, die Teufelsbrücke, gibt es eine Legende: Während der österreichischen Besatzung verliebte sich ein venezianisches Mädchen in einen österreichischen Soldaten. Ihre Familie war damit nicht einverstanden und ließ ihn kurzerhand ermorden. Daraufhin stürzte das Mädchen in eine solch große Verzweiflung, dass es einen Pakt mit dem Teufel schloss: Der junge Mann sollte im Tausch gegen sieben Kinderseelen wieder lebendig werden. Das Mädchen überquerte die Brücke, traf dort ihren Geliebten und gemeinsam flüchteten sie. Seit jenem Tag erscheint der Teufel jeden Tag auf der Brücke und wartet auf die sieben Kinderseelen.
torcello, ponte del diavolo, boot: torcello

(16) Die Kirche **San Pietro Martire** ist eine der vier Kirchen, die noch heute auf Murano erhalten sind. Früher waren es einmal siebzehn, doch während der napoleonischen Besatzungszeit wurden viele Kirchen auf Murano und in Venedig geplündert und sind anschließend verfallen. San Pietro Martire ist vor allem wegen des prachtvollen Gemäldes von Bellini einen Besuch wert. Ein kleines Museum mit Prozessionsgegenständen gehört auch zur Kirche.
murano, fondamenta dei vetrai, geöffnet: mo-sa 9.00-12.00 & 15.00-18.00, so 15.00-18.00, eintritt: 1,50 €, boot: faro, colonna

(22) Im **Museo del Vetro** auf Murano erfährt man alles über die Glasbläserei. Antikes und modernes Glas gibt es hier zu bestaunen, darunter richtige Prachtstücke. Das Museum befindet sich in einem schönen Palazzo mit Marmorböden und riesigen Kronleuchtern.
murano, fondamenta giustinian 8, www.museicivicivineziani.it, telefon: 041 739586, geöffnet: täglich, apr.-okt. 10.00-18.00, nov.-märz 10.00-17.00, eintritt: 6,50 €, boot: museo, faro, colonna

(23) Auf Murano gehört die **Basilica dei Santi Maria e Donato** zum Pflichtprogramm. Sie ist eine der ältesten und schönsten Kirchen der Lagune. Der Eingang ist schlicht, die Apsis an der Wasserseite aber überraschend schön. Im Inneren liegt einem ein Mosaikboden mit geometrischen Formen, exotischen Vögeln und mythischen Figuren zu Füßen. Größter Blickfang ist das goldene byzantinische Mosaik der Heiligen Jungfrau.
murano, campo san donato, geöffnet: mo-sa 9.00-12.00 & 15.30-19.00, so 15.30-19.00, eintritt: frei, boot: museo, faro, colonna

BASILICA DI SANTA MARIA ASSUNTA ⑪

Essen & Trinken

(3) Klassisch venezianisch und buranisch wird in der **Enoteca Riva Rosa** gegessen. Weil der gastfreundlichen Familie auch der etwas weiter gelegene Spitzenladen Emilia gehört, werden an den Wänden des Restaurants alte, gerahmte Spitzenkunstwerke ausgestellt. Draußen am Kanal sind die Tische weiß eingedeckt, mit schöner Aussicht auf die bunten Häuser von Burano. Wie wäre es mit einem Wein und gegrilltem Fisch?
burano, via san mauro 296, telefon: 041 730850, geöffnet: mo-do 12.00-16.00, fr-so 12.00-16.00 & 18.00-24.00, preis: 50 €, boot: burano

(6) Die Wände in der **Trattoria Da Romano** hängen voller Gemälde, alles Geschenke von bekannten und weniger bekannten Künstlern. Die Trattoria der Familie Barbaro war im 20. Jahrhundert nämlich ein beliebter Treffpunkt für Künstler, Schauspieler, Dichter, Schriftsteller und Sänger. Illustre Gäste wie Charles Chaplin, Maria Callas, Danny Kay, Matisse, Mirò und Ernest Hemingway gingen hier ein und aus. An den schön gedeckten Tischen werden köstliche Fischgerichte serviert. Die Terrasse mit der grünen Markise liegt am zentralen Platz von Burano.
burano, piazza galuppi 221, www.daromano.it, telefon: 041 730030, geöffnet: mo & mi-sa 12.00-15.00 & 18.00-20.00, so 10.00-15.00, preis: 50 €, boot: burano

(10) Die Trattoria **Al Gatto Nero** (Zur schwarzen Katze) ist zweifelsohne einer der kulinarischen Höhepunkte auf Burano. Hier treffen sich die Inselbewohner zum Essen, daher ist es fast immer voll. Die Spezialität ist Fisch, aber selbst wenn Sie kein großer Fischfreund sind, gibt es noch genügend Auswahl. Chefkoch Ruggero Bovo kocht typisch venezianische Gerichte aus regionalen Produkten. Ein echter Tipp ist zum Beispiel das Risotto Buranello. Lassen Sie aber noch etwas Platz für die himmlischen, hausgemachten Desserts. Die Terrasse am Wasser ist einfach phänomenal. Am besten rechtzeitig reservieren.
burano, fondamenta della giudecca 88, www.gattonero.com, telefon: 041 730120, geöffnet: di-so 12.00-15.00 & 19.30-23.00, preis: 45 €, boot: burano

19 AI FRATI

(13) Das berühmte Hotel-Restaurant **Locanda Cipriani** auf Torcello ist schon seit 1935 ein Gourmettempel und gehört der Familie Cipriani. Es wurde zur literarischen Legende, als Ernest Hemingway hier aufkreuzte und "Über den Fluss und in die Wälder" schrieb. Mehrere Seiten seines Romans widmete er Torcello. Locanda Cipriani wird seitdem regelmäßig von Künstlern, Berühmtheiten und Royals besucht. Marc Chagall, Kim Novak, Max Ernst, Lady Di, Queen Elizabeth und die niederländische Königin Beatrix speisten hier. Im Garten zu sitzen und sich kulinarisch verwöhnen zu lassen, ist einfach herrlich, doch auch sehr kostspielig. Für Übernachtungsgäste gibt es ein paar Zimmer im ersten Stock. Erwarten Sie keinen übermäßigen Luxus. Hotel und Restaurant sind einfach eingerichtet.

torcello, piazza santa fosca 29, www.locandacipriani.it, telefon: 041 730150, geöffnet: mo, mi-do & so 11.45-17.30, fr-sa 11.45-21.00, preis: 70 €, zimmer ab 100 €, boot: torcello

(15) Das **Busa alla Torre** ist wegen des leckeren Essens und des freundlichen Inhabers Lele sehr beliebt. Die Osteria ist hübsch gelegen, gegenüber der Kirche von Murano. Als Vorspeise sollte man die verschiedenen Cicchetti probieren. So bekommt man gleich einen guten Eindruck davon, was das Restaurant sonst noch zu bieten hat. Ein Dessert muss auf jeden Fall drin sein. Besonders das Tiramisù ist unverschämt gut.

murano, campo santo stefano 3, telefon: 041 739662, geöffnet: täglich 12.00-15.00, preis: 45 €, boot: faro, colonna

(18) Die **Bar-Gelateria Al Ponte** ist der zentrale Treffpunkt der Murano-Bewohner. Neben der Brücke gelegen, eignet sich die Bar ganz hervorragend für einen Zwischenstopp - mit Kaffee, Aperitif, Eis oder einem belegten Brot.

murano, riva longa 1c, telefon: 041 736278, geöffnet: täglich 9.00-17.00, preis: kugel 1,30 €, boot: venier, faro, colonna

(19) Auf der Terrasse von **Ai Frati** am Canal Grande von Murano kann man prima zu Mittag essen. Auf der Karte stehen hauptsächlich traditionelle Fischgerichte, doch auch ein paar Fleischgerichte. Dazu die Aussicht auf einen der schönsten Palazzi der Insel, den Palazzo da Mula - traumhaft.

murano, fondamenta sebastiano venier 4, telefon: 041 736694, geöffnet: mo-mi & fr-so 12.00-15.00, preis: 40 €, boot: venier, faro, colonna

CAFFE ESPRESSO

PANINI CALDI · TOAST ·
PIADINE FARCITE ·
PIZZE ARROTOLATE ·
TRAMEZZINI ·
VEGETARIANI · FOCACCE ·
BIBITE FREDDE · VINI ·
SPREMUTE · SPRITZ ·
BIRRA ALLA SPINA ·
APERITIVI · THE ·
SUCCHI DI FRUTTA ·
CAFFE · CAPPUCCINO ·
CIOCCOLATA

ELATERIA
TIGIANALE
uzione propria

⑱ BAR GELATERIA AL PONTE

(20) Wenn das Wetter nicht mitspielt, können Sie bei **Ai Pianta Leoni** auch drinnen an den Holztischen gemütlich essen. Bei schönem Wetter aber ist die große Terrasse am Canal Grande unschlagbar. Das Essen ist klassisch venezianisch mit modernem Touch. Zum Beispiel werden Carpaccio vom Thunfisch mit Aubergine und Polenta mit geschmolzenem Käse und Pilzen serviert.

murano, riva longa 25, telefon: 041 736794, geöffnet: di-so 8.00-17.30, preis: 40 €, boot: museo, faro, colonna

(24) Im **Ai Bisatei** tauchen selten Touristen auf. Diese sehr einfache Osteria liegt nämlich abseits der touristischen Hauptstrecken auf Murano. Dafür finden sich hier hauptsächlich Arbeiter aus den Glasfabriken ein, um sich bei einem deftigen und günstigen Mittagessen eine Verschnaufpause zu gönnen. An der Bar gibt es auch ein Glas Hauswein oder Prosecco mit Cicchetti.

murano, campo san bernardo 1, telefon: 041 739528, geöffnet: täglich 12.00-14.00, preis: 15 €, boot: museo, faro, colonna

Shoppen

(1) Burano ist mit den vielen kunterbunten Häuschen eine wunderschöne Insel. Giuliano Carraro lässt sich von der Umgebung inspirieren und zaubert reizende Aquarelle und Glasmosaiken. Seine Tochter verkauft die kleinen Bilder im Geschäft **La Buranella**.

burano, via san mauro 383, www.laburanella.com, telefon: 347 5101526 (handy), geöffnet: täglich, sommer 9.00-18.00, winter 10.00-17.00, boot: burano

(2) **Martina** ist ein großer Spitzenladen auf Burano. Neben Bettwäsche, Gardinen, Tischdecken, Babykleidung, Kleidchen und Tops gibt es hier auch alte, traditionelle Spitze. Ein schönes Souvenir für die Daheimgebliebenen ist ganz bestimmt unter den stilvollen Kostbarkeiten ausfindig zu machen.

burano, via san mauro 307/308/337, www.martina-lace.com, telefon: 041 735523, geöffnet: täglich 10.00-18.00, boot: burano

(4) Burano ist nicht nur für seine Spitze bekannt, sondern auch für die *bussolà*: runde gelbe Kekse mit einem Loch in der Mitte. Die **Pasticceria Carmelina Palmisano** ist die Top-Adresse für dieses leckere Gebäck. Auch andere Burano-Spezialitäten gibt es hier, z. B. *esse* (Kekse in S-Form).

burano, via galuppi 355, www.palmisanocarmelina.com, telefon: 041 730010, geöffnet: mo-sa 7.00-13.00 & 15.00-19.30, boot: burano

(7) **Emilia** ist wohl der bekannteste Spitzenladen von Burano. In diesem schicken Familiengeschäft wird seit vier Generationen Spitze verkauft, und noch heute lassen sich klöppelnde Frauen bei der Arbeit beobachten. Im Obergeschoss ist das "Museum" des Ladens, wo alte Familienstücke ausgestellt werden, unter anderem ein Brautkleid aus Spitze. An der Wand hängen Briefe von Johnny Depp und Julia Roberts, die laut Eigentümer zum berühmten Kundenkreis zählen.

burano, piazza galuppi 205-207, www.emiliaburano.it, telefon: 041 735299, geöffnet: täglich 9.00-18.00, boot: burano

MANIN 56 ㉕

㉑ In der Galerie des Schmuckdesigners **Davide Penso** gibt es erschwinglichen Glasschmuck, der einen Tick anders ist als das, was sonst auf Murano angeboten wird. Der Designer ist ein leidenschaftlicher Freund Afrikas, wie die tollen Fotos und Schmuckstücke beweisen.
murano, riva longa 48, www.davidepenso.com, telefon: 041 5274634, geöffnet: täglich 9.30-17.30, boot: venier, faro, colonna

㉕ Als Krönung einer gelungenen Reise fehlt nur noch ein schönes Souvenir aus Muranoglas? Dann nichts wie hin zu **Manin 56**. In dem kleinen Shop werden moderne Glasarbeiten verkauft. Urlaubskassenfreundlich: Die Gläser und Schmuckstücke sind durchaus bezahlbar.
murano, fondamenta manin 56, telefon: 041 5275392, geöffnet: täglich 10.30-18.00, boot: colonna, faro

(26) Der kleine Laden **Elle Elle** fällt durch seine schlichte, aber schöne Einrichtung sofort positiv auf. Hier wird hauptsächlich Glas von Nason & Moretti angeboten. Neben den kostbaren, toll designten Stücken zieren auch günstigere Glasarbeiten die Auslagen. Weiterer Pluspunkt: Alles hier stammt aus Murano selbst.

murano, fondamenta manin 52, www.elleellemurano.com, telefon: 041 5274866, geöffnet: täglich 10.30-13.00 & 14.00-18.00, boot: colonna, faro

(27) **Venini** gehört zur Crème de la Crème der Glaskunst. Vasen, Lampen, Schmuck und sogar Tische und Bücherregale sind Teil der sehenswerten Kollektion. Den Rechtsanwalt Paolo Venini brachte 1921 seine Leidenschaft für Glas nach Murano. Er arbeitete mit vielen bekannten Künstlern, Designern und Architekten zusammen. Als Venini 1959 starb, übernahm sein Schwiegersohn den Betrieb und hielt die Tradition in Ehren. Der gute Ruf des Geschäftes hat sich bis über den großen Teich herumgesprochen, weshalb hier besonders viele Amerikaner auftauchen.

murano, fondamenta vetrai 47-50, www.venini.it, telefon: 041 2737211, geöffnet: mo-fr 9.30-17.30, boot: colonna, faro

(28) **Murano collezioni** ist ein hübscher, dunkel gehaltener Laden, in dem die stilvollen Glasobjekte besonders schön zur Geltung kommen. Es werden nur die großen Marken wie Barovier e Toso, Carlo Moretti und Venini verkauft.

murano, fondamenta manin 1c/d, telefon: 041 736272, geöffnet: mo-sa 10.30-17.30, boot: colonna, faro

(30) **Barovier e Toso** verkauft neben traditionellem Glas - wie ausladenden venezianischen Kronleuchtern - auch viele dezente Objekte, zum Beispiel Lampen und Vasen. Über dem Laden befindet sich ein kleines Museum, in dem man im Rahmen einer Führung Glasobjekte von Barovier e Toso aus Privatsammlungen bewundern kann.

murano, fondamenta vetrai 28, telefon: 041 739049, geöffnet: mo-sa 10.00-12.30 & 13.00-18.00, führungen mo-fr 10.00-12.00 & 14.00-17.00, boot: colonna, faro

339

WWW.CASABEPI.IT

⑤ CASA BEPI SUÀ

100% there

(5) An der **Casa Bepi Suà** muss man einfach einen kurzen Fotostopp einlegen. Nach dem Krieg begann der damalige Besitzer Bepi Suà sein Haus in den verschiedensten und buntesten Farben anzustreichen. Er wurde immer berühmter, denn das Gebäude fand Eingang in fast alle Reiseführer. Inzwischen wurde das farbenprächtige Gebäude sogar auf Postkarten verewigt.
burano, via gattolo 339, geöffnet: nicht öffentlich zugänglich, boot: burano

(17) Werfen Sie mal einen Blick hinter den Verkaufsraum des Glasladens **Formia-Vivarini**: An den Öfen wird noch traditionell Glas geblasen. Wer sich für den Einblick in die Glasbläserkunst bedanken möchte, der kann in dem extra aufgestellten Körbchen eine Münze hinterlassen. Im Laden selbst werden sowohl moderne als auch klassische Glasobjekte verkauft. Vor allem die bunten Serien schlichter, schlanker Vasen sind eindrucksvoll. Am liebsten hätte man gleich mehrere davon!
murano, fondamenta dei vetrai 138, www.vivariniglass.it, telefon: 041 739285, geöffnet: täglich 9.30-17.30, boot: da mula, colonna, faro

(29) Obwohl das Glas von **Gino Mazzuccato** eindeutig in die Kategorie "Kitsch" fällt, macht es Spaß, den Glasbläsern bei der Arbeit zuzusehen. Es sind echte Touristenshows, dennoch erhält man einen spannenden Einblick in die Glasbläserei.
murano, fondamenta manin 1, telefon: 041 739573, geöffnet: täglich 9.00-17.00, glasblasen 9.00-16.30, eintritt: frei, boot: faro, colonna

Die Inseln Burano, Torcello & Murano

Von der Fondamenta Nuove geht es mit dem Boot LN zur Haltestelle Burano, wo der Spaziergang beginnt. Von hier in die Via San Mauro mit den vielen Spitzengeschäften. Gleich links gibt es Aquarelle von Burano ①, etwas weiter wieder ein Spitzenladen ② und ein Restaurant ③. Am Wasser links abbiegen. Über die Fondamenta San Mauro erreichen Sie die Via Galuppi, mit den berühmten Keksen ④. In der Via Gattolo liegt das Haus von Bepi Suà ⑤, danach geht es zurück in die Via Galuppi: stilvolle Mittagspause im Da Romano ⑥. Ein Stück weiter befindet sich der berühmteste Spitzenladen der Insel ⑦. Die Straße führt zur Piazza Galuppi. Nach einem Besuch des Spitzenmuseums ⑧ und der Kirche ⑨ überqueren Sie an der Fondamenta Pescheria den Kanal, wo es hervorragendes Essen bei Al Gatto Nero gibt ⑩. Jetzt geht's weiter über den Uferweg, dann hinter der Brücke rechts zur Anlegestelle, um Linie T nach Torcello zu nehmen. Hier führt die einzige Straße zur Piazza di Torcello mit der sehenswerten Basilika ⑪ und dem Thron von Attila ⑫. Im Garten der Locanda Cipriani ⑬ kann man prima relaxen und essen, bevor es zum Bootssteg zurückgeht. Sie kommen an der Ponte del Diavolo vorbei ⑭. Nehmen Sie das Boot nach Burano und steigen Sie dann auf die Linie LN Richtung Murano um. Aussteigen an der Haltestelle Faro. Es geht rechts herum weiter bis zum Ende der Uferstraße. Dann nach links zum Campo Santo Stefano: leckere Cicchetti oder ein ausgiebiges Mittagessen ⑮? Auf der anderen Seite der Brücke liegen San Pietro Martire ⑯ und eine Glasbläserei ⑰. Am gegenüberliegenden Ufer des Canal Grande gibt es eine Bar ⑱ sowie ein Restaurant (Mittagessen) ⑲. Folgen Sie der Riva Longa. Dort befinden sich ein Restaurant ⑳, ein Glasschmuck-Laden ㉑ und das Glasmuseum ㉒. Dann kommt die Basilica dei Santi Maria e Donato ㉓ und durch die C. Conterie gelangen Sie zum weniger touristischen Teil von Murano. Die Straße führt zum Campo San Bernardo ㉔. Über die C. Angelo dal Mistro geht es zum Canal Grande. Gegenüber liegen einige gute Glasgeschäfte. An der Fondamenta Vetrai und Fondamenta Manin liegen die Ausstellungsräume großer Namen (Glasbläsershows) ㉕ ㉖ ㉗ ㉘ ㉙ ㉚. Der Spaziergang endet an der Anlegestelle Colonna, wo Linie 41 oder 42 zurück nach Venedig fährt.

URANO

LN

Canale di Mazzorbo

LN

Canale di Burano

T

Fondamenta di Santa Caterina

Mazzorbo

CATERINA

STRADA DEL CIMITERO

Sta. Caterina

Palude di Santa Caterina

STRADA SAN MAURO

C. D. SQUERI

C. P. SINISTRO

FONT. DESTRO

C. DI CAO DI RIO

VIGNOLA

FOND. D. TERRANOVA

start

1 **2** **3**
S. MAURO

FOND. CAO MOLECA

FOND. D. CAO PISTORIA

FOND. DELLA PESCHERIA

C. D. GIUDECCA

C. D. BROCETTA

FOND. D. SQUERO

4 **5** **6** **7** **8** **9**
10

Museo del Merletto

San Martino

Burano

0 ——— 250 m

12 **11** **14** **13**

Torcello

T

siehe Burano

LN

Mazzorbo

Burano

SPAZIERGANG 6

= Sehenswürdigkeiten
= Essen & Trinken
= Shoppen
= 100% there

Laguna Veneta

Madonna del Monte

San Francesco del Deserto

Sant'Erasmo

Tessera

San Giacomo in Palude

Sta. Maria degli Angeli

Canale degli Angeli

F. CR. PARMENSE

FOND. SEBASTIANO VENIER

C. DEL CIMITERO

C. S. BERNADO

C. BRUSSA

CALLE CONTERIE

FOND. SEBASTIANO S. C. S. LORENZO

FOND. S. SALV.

RIO TERA S. SALV.

S. C. S. GIUSEPPE

FOND. L. RADI

24

S.M. e Donato

23

Museo dell'Arte Vetraria

22

Pal. Trevisan

19 **18** **20** **21**

C. DAL MISTRO

FOND. CAVOUR

Canale Grande di Murano

CALLE GIARDINO

ANDREA NAVAGERO

CALLE PARADISO

C. S. GIACOMO

Canale Ondello

Pal. Da Mula

F. DA MULA

S. ANT. COLLEONI

San Pietro Martire

17 **16** **15**

Canale Serenella

C. ALVISE VIVARINI

C. DAL

CALLE SAN CIPRIANO

C. FOSCOLO

C. PRIORITI

CALLE BERTOLINI

FONDAMENTA DEI VETRAI

FONDAMENTA SERENELLA

FOND. SERENELLA

C. BERTOLINI

Murano

V. GARIBALDI

VIA BRIATI

VIA GARIBALDI

27

30

finish

26 **25**

28 **29**

Canale dei Marani

LN

0 ——— 250 m

MURANO

Murano

SPAZIERGANG 6

siehe Murano

500 m

Sant'Erasmo

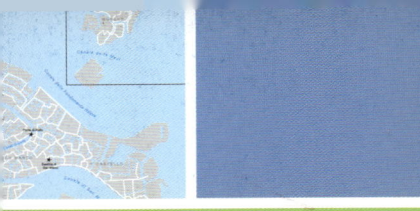

Weitere Sehenswürdigkeiten

Außer den berühmten Inseln Burano, Torcello und Murano liegen in der Lagune noch viele weitere Inseln. Einige von ihnen sind auf jeden Fall einen Besuch wert. Zum Beispiel die längliche, südlich von Venedig gelegene Insel **Giudecca**, die eigentlich noch zum Stadtgebiet gehört. Auf Giudecca ist es ruhig, nur vereinzelt gibt es Restaurants und kleine Geschäfte. Ein schönes Ausflugsziel - und wenn es nur für die tolle Aussicht auf Venedig ist.

Lido di Venezia, ebenfalls eine lang gestreckte und mit dem Boot gut erreichbare Insel, ist ganz anders als Venedig. Autos sind zugelassen, und es herrscht die Atmosphäre eines belebten Badeorts. Ende August füllt sich der Ort, denn dann findet das Internationale Filmfestival statt. Außerhalb der Sommersaison (Juni bis September) gibt es hier nicht so viel zu sehen.

Im Folgenden erfahren Sie, was es auf den Inseln Tolles zu entdecken und zu erleben gibt. Die Buchstabenkennzeichnung taucht auf der Übersichtskarte in der vorderen Umschlagklappe wieder auf.

Ⓝ Südlich von Venedig, gegenüber der Piazza San Marco, liegt die kleine Insel **San Giorgio Maggiore**. Mit dem Kloster und der von Palladio entworfenen Kirche ist die Insel auch schon komplett vollgebaut. Drinnen ist das "Letzte Abendmahl" von Tintoretto natürlich der absolute Höhepunkt. Vom Campanile aus ist die Aussicht auf die Stadt Venedig und die Lagune grandios. Die Klosterbibliothek ist ebenfalls einen Besuch wert.
kirche & campanile: geöffnet: täglich, mai-sept. 9.30-12.30 & 14.30-18.30, okt.-apr. 9.30-12.30 & 14.30-16.30, eintritt: kirche gratis, campanile 3 €, telefon: 041 5240119, führung sa-so stündlich 10.00-16.00, preis: 12 €, boot: san giorgio (ab haltestelle san zaccaria)

Ⓞ Mit dem Bau der Kirche **Il Redentore** (Der Erlöser) feierte man im 16. Jahrhunderts das Ende der Pestepidemie. Als der Bau fertig war, pilgerte der Doge über eine Schiffsbrücke zur Kirche. Dieses Ritual wird jedes Jahr im Juli wiederholt. Eines der bedeutendsten Feste in Venedig!
giudecca, campo del ss. redentore, geöffnet: mo-sa 10.00-17.00, eintritt: 3 €, boot: redentore

(P) Mitten auf einer Schiffswerft liegt das einfache Restaurant **Mistrà**. Von den Bewohnern Giudeccas und von den Werftarbeitern wird es gerne und häufig besucht. Pluspunkt: Mittags gibt es ein günstiges Menü. Zwar herrscht hier eine gewisse Kantinenatmosphäre, dafür ist die Stimmung authentisch italienisch.

giudecca 212a, consorzio cantieristica minore area (yachthafen), telefon: 041 5220743, geöffnet: mo 12.00-14.00, mi-so 12.00-14.00 & 19.00-22.00, preis: 35 €, mittagsmenü 12 €, boot: redentore

(Q) Ende des 19. und Anfang des 20. Jahrhunderts war der Lido einer der luxuriösesten und beliebtesten Badeorte Europas. Das schicke **Hotel des Bains** erinnert noch an diese mondäne Zeit. Besonders berühmt geworden ist es durch Thomas Manns Roman "Der Tod in Venedig", der 1970 von Visconti verfilmt wurde.

lido, lungomare guglielmo marconi 17, www.desbains.hotelinvenice.com, telefon: 041 5265921, geöffnet: apr.-okt., preis: 230-530 €, boot: lido

(R) Der Weg nach **Bagni Alberoni** ist vielleicht ein bisschen anstrengend, aber die Bootstour und eine zwanzigminütige Busfahrt werden mit dem schönsten Strand der Insel Lido belohnt. Hierhin kommen fast nur Italiener und auf der großen Terrasse schmeckt das Essen ganz vorzüglich. Am Abend finden regelmäßig Jazzkonzerte statt. Der breite Strand mit den gestreiften Badehäuschen diente als Kulisse für Viscontis Film.

lido, bagni alberoni, telefon: 041 731029, geöffnet: juni-sept., preis: strandliege 7 €/tag, sonnenschirm 9 €/tag, boot: lido, anschließend bus richtung alberoni spiagga

(S) Der Lido lässt sich prima per Fahrrad erkunden. Sie können sogar das Boot weiter nach Pellestrina nehmen und da auch noch ein bisschen mit dem Rad in der Gegend herumkurven. Fahrrad, Tandem oder Quattrocycle kann bei **Lido on Bike** gemietet werden.

lido, gran viale s.m. elisabetta 21b, www.lidoonbike.it, telefon: 041 5268019, geöffnet: märz-okt. täglich 9.00-19.00, boot: lido, san nicola

Ausgehen

Venedigs Nachtleben ist mit dem, was in echten Weltstädten abgeht, nicht vergleichbar. Die Lagunenstadt ist relativ klein, große Discos sind kaum zu finden. Wenn die jungen Venezianer eine Nacht durchtanzen wollen, fahren sie meistens aufs Festland. In den letzten Jahren eröffneten allerdings ein paar trendige Clubs und angesagte Bars. Freunde der klassischen Künste haben mehr Glück: In Venedig finden regelmäßig Tanz-, Opern- und Theatervorstellungen statt. Umfassende Informationen gibt es unter *www.turismovenezia.it*, *www.venezianews.it* oder in der Zeitschrift *Venews* (auf Englisch). Im Folgenden finden Sie ein paar Tipps für einen aufregenden Abend. Zur Info: Die Buchstabenkennzeichnung steht auch auf der Übersichtskarte in der vorderen Umschlagklappe.

(T) **Harry's Bar** ist nicht mehr das, was sie zu Ernest Hemingways Zeiten war. Den Jetset stört das wenig, die Bar wird von den Gutbetuchten noch immer gut besucht. Die vermutlich berühmteste Bar Venedigs gehört zur Stadt wie der Markusplatz oder der Dogenpalast. Das Lokal ist klein und wirkt recht einfach, aber die Ober machen vieles wett. Ein Ort für alle, die sich nach den guten alten Zeiten sehnen und entsprechend viel Geld dafür zahlen möchten: Ein Bellini, der berühmte Cocktail aus Harry's Bar mit Pfirsich und Prosecco, kostet 17 Euro. Dennoch: Er ist eine Legende, die man probieren sollte.
san marco 1323, calle vallaresso, *www.cipriani.com*, *telefon: 041 5285777, geöffnet: täglich 10.30-23.00, boot: vallaresso*

(U) Obwohl die **Bacaro Lounge Bar** direkt um die Ecke der Piazza San Marco liegt, scheint das traditionelle Venedig in dieser Bar aus Glas und Stahl meilenweit entfernt. Gönnen Sie sich an der runden Bar einen leckeren Cocktail oder einen erfrischenden Prosecco.
san marco 1348, salizada san moisè, telefon: 041 2960687, geöffnet: täglich 9.00-2.00, preis: cocktail 9 €, boot: vallaresso

Ⓤ **BACARO LOUNGE BAR**

(V) Wer gerne in tiefen Sesseln versinkt und bei schummrigem Licht und Loungemusik an einem Cocktail nippt, geht in die **Loungebar Centrale**. Stilgerecht: Lassen Sie sich von einer Gondel oder einem Wassertaxi direkt zum Eingang an der Wasserseite bringen.

san marco 1659b, piscina frezzeria, www.centrale-lounge.com, telefon: 041 2960664, geöffnet: täglich 19.00-2.00, preis: cocktail 12 €, boot: vallaresso

(W) Jazzliebhaber sind in der **Osteria Ai Postali** goldrichtig. Der Besitzer der kleinen Kneipe legt hauptsächlich Jazz auf. Weil Ai Postali ein bisschen abseits der üblichen Touristenwege liegt, tummeln sich hier vor allem Italiener. Die Terrasse am Kanal ist perfekt für einen Spritz oder einen Prosecco.

santa croce 821, rio marin, telefon: 041 715156, geöffnet: mo-sa 19.00-2.00, boot: stazione ferrovia statale, riva di biasio

(X) Auf dem **Campo Santa Margherita** in Dorsoduro geht es bis spätabends auf den Terrassen locker zu und eine Kneipe reiht sich an die andere. Bars mit langen Öffnungszeiten sind zum Beispiel das Orange und das Imagina. Der Platz liegt im Herzen des Studentenviertels, und so treffen Sie hier vor allem junge Leute. Die meisten Bars schließen zwischen ein und zwei Uhr nachts.

dorsoduro, campo santa margherita, boot: ca' rezzonico

(Y) Im **Impronta Cafè** trifft sich den ganzen Tag über ein buntes Publikum aus Einheimischen und Touristen. Empfehlenswert für einen schnellen Kaffee, ein kleines Mittagessen, ein Abendessen oder den abendlichen Ausklang.

dorsoduro 3815/3817, calle dei preti crosera, telefon: 041 2750386, geöffnet: mo-sa 7.00-2.00, boot: san tomà

(Z) Mit etwas Glück bessern Sie im **Casinò di Venezia** Ihre Reisekasse auf. Der Tempel der Glücksuchenden ist in einem Palazzo am Canal Grande untergebracht und schon allein deshalb einen Besuch wert. Dresscode für den Herren: Jackett und Krawatte. Sollten Sie beides zu Hause gelassen haben, können Sie sich an der Garderobe ein (etwas armseliges) Jackett ausleihen. Übrigens: In diesem prächtigen Palazzo hat Richard Wagner gewohnt.

cannaregio 2040, palazzo vendramin calergi, www.casinovenezia.it, telefon: 041 5297111, geöffnet: mo-do & so 15.00-3.00, fr-sa 15.30-3.00, eintritt: 10 € (inkl. jeton im wert von 10 €), boot: san marcuola

Alphabetischer Index

Thematischer Index

DIE 100% CITYGUIDES.

Ausführliche Informationen und aktuelle Tipps zu jedem Ziel finden Sie künftig auch auf unserer Homepage unter **www.100travel.de**.

100%
HAMBURG
Auf 6 Spaziergängen 100% Hamburg erleben.

GUIDE inklusive
SMARTPHONE-APP
nur €9,99

100%
ISTANBUL
Auf 6 Spaziergängen 100% Istanbul erleben.

GUIDE inklusive
SMARTPHONE-APP
nur €9,99

100%
LONDON
Auf 6 Spaziergängen 100% London erleben.

GUIDE inklusive
SMARTPHONE-APP
nur €9,99

100%
ROM
Auf 6 Spaziergängen 100% Rom erleben.

GUIDE inklusive
SMARTPHONE-APP
nur €9,99

100%
VENEDIG
Auf 6 Spaziergängen 100% Venedig erleben.

GUIDE inklusive
SMARTPHONE-APP
nur €9,99

100%
BARCELONA
Auf 6 Spaziergängen 100% Barcelona erleben.

GUIDE
+ APP
nur
€9,99

Dieser 100 %-Guide wurde mit größter Sorgfalt zusammengestellt. Mo Media ist nicht verantwortlich für eventuelle inhaltliche Fehler. Anmerkungen und/oder Kommentare können unter www.100travel.de mitgeteilt oder an die unten stehende Adresse gerichtet werden.

mo media gmbh, betr.: 100% venedig
steinstraße 15, 10119 berlin
e-mail info@momedia.com

autor	karin groneveld
koautor	tal maes
fotografie	hans zeegers, mario mazziol
übersetzung	ulrike sawicki (für bookwerk)
lektorat	ulrike grafberger
schlussredaktion	tom seidel
konzeptgestaltung	studio 100%
gestaltung	mastercolors mediafactory, hilden design, münchen
kartografie	van oort redactie en kartografie

100% venedig   isbn 978-39-4350-211-4
© mo media, berlin, märz 2012